CHINA'S CAPITAL MARKET
INVESTOR PROTECTION

中国资本市场
投资者保护
实践探索

PRACTICAL EXPLORATION

中国证监会投资者保护局
上海证券交易所　编著

人民出版社

序　言

党中央、国务院高度重视资本市场投资者权益保护工作。习近平总书记强调,要形成融资功能完备、基础制度扎实、市场监管有效、投资者合法权益得到有效保护的多层次资本市场体系。投资者是资本市场立市之本,保护投资者权益是我国资本市场监管的根本使命。目前,我国个人投资者已超过 1.9 亿人,维护好投资者合法权益,事关上亿家庭、数亿群众切身利益,是资本市场监管人民性的生动实践,是发挥好资本市场功能、增强全球竞争力的应有之义,也是服务高质量发展的必然要求。

30 多年来,资本市场从初期的筚路蓝缕、拓荒筑路,到今天的蓬勃发展、奋楫笃行,离不开广大投资者的风雨同舟、鼎力支持。一直以来,中国证监会始终把保护投资者合法权益作为一切监管和改革工作的出发点和落脚点,坚持市场化、法治化方向,在各方大力支持下,着眼于构建"法律保护、监管保护、自律保护、市场保护、自我保护"的投资者保护大格局,在基础制度建设、体制机制创新、理念文化培育、违法违规惩戒等方面开展了大量工作,逐步走出一条符合中国国情的投资者保护道路。**一是法治建设取得重大突破,**新证券法增设"投资者保护"专章,刑法修正案(十一)、关于依法从严打击证券违法活动的意见、全国法院审理债券纠纷案件座谈会纪要等出台实施,期货和衍生品法草案完成二读,证券期货投资者适当性管理等制度体系日益成型,支持诉讼、先行赔付、代表人诉讼等多元行权维权机制落地实施,投资者累计获赔超过 100 亿元,行政处罚、民事追偿和刑事惩戒的立体追责体系初步形成。**二是**专门化、广覆盖的证券期货领域投保组织体系更加完善,由监管部门、投保机构、交易场所、行业协会等共同参与,市场主体切实履责的投保工作机制基本形成,"12386"热线、中国投资者网等高标准投资者服务平台建成运行。**三是**投资者教育活动成果显现,推动将投资者教育纳入国民教育体系,投资者的知情权、参与权、收益权等权利得到进一步保障,尊重投资者、敬畏投资者、保护投资者的理念更加深入人心。这些有中国特色的投资者保护实践得到社会广泛欢迎,也获得国际组织的积极评价推荐,在世界银行发布的《2020 年全球营商环境报告》中,我国"保护中小投资者"指标连续两年提升,从第 119 位提升至第 28 位。

与此同时,我们清醒地认识到,加强投资者保护还面临一系列新的挑战:如何建设好中国特色现代资本市场,加快形成更加成熟更加定型的资本市场基础制度体系,为投资者构建良好的市场生态体系;如何加快完善与债券发行注册制相配套的法治制度环境,进一步健全市场化法治化违约处置机制,有效保护债券持有人合法权益;如何更好适应信息技术、金融创新以及社交平台快速发展给资本市场带来的运行模式、行业生态的深刻变化,为投资者提供更加公平的市场环境;如何进一步健全资本市场民事赔偿机制,厘清各方法律责任,让投资者更加便捷地得到依法依规赔偿。这些都需要我们更加系统深入思考,更加主动担当作为。

保护投资者合法权益任重道远。中国证监会将坚持以习近平新时代中国特色社会主义思想为指导,牢牢站稳监管的人民立场,坚持"建制度、不干预、零容忍",坚持敬畏市场、敬畏法治、敬畏专业、敬畏风险、形成强大合力的监管理念,将保护投资者合法权益贯穿于监管和改革的全流程、各环节,从健全法规制度、优化市场生态、强化理念引导等方面持续发力,努力打造一个规范、透明、开放、有活力、有韧性的资本市场。

一是大力推动提高上市公司质量。完善支持上市公司做优做强的制度安排,进一步健全公司治理和内控机制,鼓励上市公司通过现金分红、股份回购等方式积极回报投资者,让投资者更好分享经济增长红利。**二是坚持**"零容忍"打击侵害投资者权益的违法违规行为。突出重点,加强行政执法与刑事司法联动,从严从快查办欺诈发行、内幕交易、操纵市场等恶性违法犯罪活动,持续提升稽查执法效能,强化监管震慑。**三是进一步畅通投资者**民事救济和纠纷解决渠道。推动证券纠纷特别代表人诉讼常态化开展。实施好证券期货行业仲裁试点,探索更加便捷的纠纷多元化解机制。配合修订虚假陈述民事赔偿等司法解释,推动证券期货犯罪案件刑事立案追诉标准修改,完善法律责任追究体系。深化投资者服务平台作用,倡导理性投资、价值投资、长期投资,提升投资者自我保护能力。**四是加强资本市场基**础制度建设。稳步推进全市场注册制改革,不断健全信息披露、交易、退市等关键制度,持续完善多层次市场体系。加强债券和期货市场法治供给,优化行业机构监管制度体系,努力为投资者提供更加丰富、更加优质的产品和服务。**五是强化中介机构责任。**督促各类中介机构归位尽责,落实落细适当性管理、客户服务、诉求处理等投资者保护基本职责。对侵害投资者合法权益的机构及从业人员,严肃追究责任。

《中国资本市场投资者保护实践探索》一书回顾了我国资本市场投资者保护在探索中前进、磨砺中前行的发展历程,系统梳理了投保理念、制度体系、组织架构、保护格局、适当性管理、教育服务、行权维权、基础建设以及国际交流等方面的工作,辅以精选典型案例,全方位展现了中国特色的投资者保护实践成效。谨以此书,向广大的投资者、致力于投资者保护的各方参与者表达诚挚的敬意!

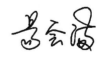

2021 年 11 月

目 录

C o n t e n t s

导　论

投资者是资本市场发展之本。保护投资者合法权益是国际证监会组织（International Organization of Securities Commissions，IOSCO）确定的证券监管三大目标之一，也是资本市场监管的根本使命。

一、保护投资者合法权益是资本市场监管的永恒主题

从资本市场的本质特征看，资本市场是直接融资的专业市场，是一个内涵丰富、机理复杂的生态系统。投资者是维系整个生态运行的基石，资源配置、资产定价和风险分散等功能的发挥都离不开投资者的积极参与。

从资本市场的历史演进看，各国资本市场的持续发展与投资者的成长成熟紧密相关，资本市场制度变革和创新的历史，也是投资者保护宗旨和理念不断强化的发展史，有效保护投资者合法权益已成为衡量一个市场健康成熟的重要标准。特别是 2008 年全球金融危机以来，各国监管部门对投资者保护的重视程度得到了很大的提升，监管职能机构设置进一步完善。

从我国的具体情况看，投资者合法权益保护更具有特别重要的意义。我国拥有全球规模最大、交易最活跃的投资者群体，股票投资者人数超过1.9 亿人（见图 0-1）。投资者保护工作牵系着亿万家庭的切身利益，尊重投资者、敬畏投资者、保护投资者是各类市场主体义不容辞的责任，是资本市场践行以人民为中心发展思想的具体体现。

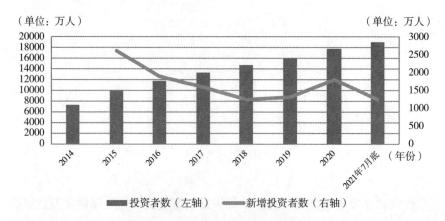

（单位：万人）

（单位：万人）

图 0-1　2014 年以来股票投资者数量

资料来源：根据公开资料整理。

二、我国资本市场投资者保护的宗旨和理念不断强化

（一）资本市场探索建立，投资者权益保护理念逐步树立（1990—1998 年）

1990 年 12 月，上海、深圳两家证券交易所相继开业，标志着我国集中交易的证券市场开始形成。1992 年 10 月，国务院设立国务院证券委员会（简称"国务院证券委"）和中国证券监督管理委员会（简称"中国证监会"）。同年 12 月，《国务院关于进一步加强证券市场宏观管理的通知》（国发〔1992〕68 号）发布，提出将"保护广大投资者的利益"作为成立国务院证券委和中国证监会的目的之一。1997 年 8 月，国务院决定将沪深交易所划归中国证监会直接管理。至此，中国证监会在全国范围内对证券期货市场进行集中统一监管，标志着我国资本市场投资者保护踏上有序发展的规范之路。

（二）资本市场制度体系建设持续完善，投资者权益保护理念日益加强（1999—2012 年）

1999 年 7 月 1 日，《中华人民共和国证券法》实施，配套的行政法规、业务规章等相继发布，各方参与者的行为得到了统一规范。2004 年 1 月，《国务院关于推进资本市场改革开放和稳定发展的若干意见》(国发〔2004〕3号)颁布,将"保护投资者特别是社会公众投资者的合法权益"作为指导思想和任务之一。同年,中国证监会开始对31家高风险证券公司集中进行风险处置,总结形成了保护投资者的一系列经验和做法,推动成立了中国证券投资者保护基金有限责任公司(简称"投保基金公司")。2005年,上市公司股权分置改革启动,消除了长期制约我国资本市场发展的制度性障碍,进一步完善了上市公司治理结构和运作机制,稳定了市场预期,投资者信心明显增强。在此阶段,我国形成了以《中华人民共和国公司法》和《中华人民共和国证券法》为核心的资本市场法律保障体系,基本建立了投资者保护的长效机制。

(三)资本市场加快发展,投资者权益保护理念深入人心(2012年至今)

党的十八大以来,习近平总书记对资本市场发展与监管作出一系列重要指示批示,明确指出要"形成融资功能完备、基础制度扎实、市场监管有效、投资者合法权益得到有效保护的多层次资本市场体系"①。中国证监会针对投资者保护中的现实问题做了大量符合国情的探索,实施了一系列行之有效的机制举措,投资者权益保护各项工作迈上新台阶。2013年,国务院办公厅发布《国务院办公厅关于进一步加强资本市场中小投资者合法权益保护工作的意见》,构建了资本市场中小投资者权益保护的制度体系。2019年3月,中国证监会成立了投资者保护工作领导小组,进一步强化投资者保护工作的统筹协调。2020年3月1日,新修订的《中华人民共和国证券法》(简称"新《证券法》")正式施行,新设"投资者保护"专章,将保护投资者合法权益作为核心目标,对长期以来投资者保护工作中的重点难点

---

① 《习近平谈治国理政》第二卷,外文出版社2017年版,第279页。

问题进行了系统性规定。

三、我国资本市场投资者保护工作取得积极成果

（一）组织体系更加完善

资本市场投资者保护涉及链条长、范围广，需要"自上而下"的统筹规划。经过多年发展，目前基本形成了中国证监会投资者保护局（简称"投保局"）牵头抓总、中国证券投资者保护基金有限责任公司和中证中小投资者服务中心有限责任公司（简称"投服中心"）两个投资者保护机构具体落实的"一体两翼"投保体系，交易场所、行业协会、派出机构等系统各单位共同参与，市场经营主体履行主体责任的"大投保"机制。2019 年成立的投资者保护工作领导小组进一步加强了各业务、各领域投保工作的统筹，将投资者保护要求贯穿于发行上市、市场交易、机构监管、稽查执法等监管工作全过程，着力构建全链条的投资者保护格局，做到从发行到退市各环节、从证券到期货各条线的投资者保护全覆盖。

（二）法治建设不断强化

中国证监会不断健全和完善资本市场投资者保护的基础性制度。新《证券法》增设"投资者保护"专章，就投资者保护做出适应我国国情的重大探索和制度创新。《中华人民共和国刑法修正案（十一）》的实施、中央深改委《关于依法从严打击证券违法活动的若干意见》等政策文件的出台，进一步夯实了投资者保护制度基础。此外，中国证监会陆续制定修订了《证券期货投资者适当性管理办法》《关于"12386"中国证监会服务热线运行有关事项的公告》《关于加强证券期货投资者教育基地建设的指导意见》等 10 余项投资者保护专项法规文件，会同最高人民法院发布《关于全面推进证券期货纠纷多元化解机制建设的意见》，联合教育部印发《关于加强证券期货知识普及教育的合作备忘录》等文件。同时，中国证监会全面落实"零容忍"的执法理

念,不断增强市场各方参与者的诚信守法意识,引导市场经营主体依法经营,资本市场正在形成"行政处罚+民事赔偿+刑事惩戒"的法治供给闭环。

（三）行权维权机制实现突破

中国证监会始终把解决投资者维权难、赔偿难作为保护投资者合法权益的重要目标。自2012年起,在全国人大法工委、最高人民法院等相关部委指导和支持下,中国证监会立足我国现实国情,陆续创新建立并实施了证券期货纠纷多元化解、持股行权、支持诉讼、先行赔付、示范判决等多项行之有效的投资者行权维权机制。特别是中国式证券集体诉讼——证券纠纷特别代表人诉讼制度的确立,对于提高资本市场违法成本、保障投资者合法权益、确保注册制改革行稳致远都具有非常重要的意义。

（四）保护成效逐步显现

一是投资者获得感显著增强。截至目前,共有43万人次投资者通过各类维权机制累计获得赔偿100多亿元。"12386"中国证监会服务热线累计处理投资者诉求59万多件,收到感谢信近800件。二是成熟理性的投资者队伍正在形成。建立各类投资者教育基地199家,持续推动将投资者教育纳入国民教育体系,全国4900多所学校开设了相关课程,覆盖5800多万名大中小学生;持续组织开展投资者教育专项活动,倡导价值投资、长期投资的理念。三是市场经营主体投资者保护意识不断强化。上市公司信息披露质量不断提高,分红方式更加规范合理,投资者关系管理机制更加健全,证券期货经营机构积极落实投资者适当性管理要求,进一步增强客户服务意识,投资者的知情权、收益权、选择权等基本权利得到进一步保障。四是投资者保护国际影响力不断提高。国际证监会组织、国际货币基金组织和世界银行等国际组织对中国投资者保护举措给予充分肯定。在世界银行发布的《2020年全球营商环境报告》中,我国"保护中小投资者"单项指标排名从两年前第119位大幅提升至第28位。

第 一 章

投资者保护制度体系和组织架构

中国证监会一直高度重视投资者保护工作,从建设制度体系和搭建组织架构两方面不断完善顶层设计。经过 30 多年的培育和发展,我国资本市场多层次投资者保护制度体系日益完善,以新《证券法》为核心的投资者保护制度体系为各项工作的顺利开展提供了明确依据。尤其是近 10 年来,投资者保护"一体两翼"、中国证监会系统内外部门、单位及市场主体各司其职、协调配合、形成合力,为资本市场投资者保护工作持续供能。

第一节　投资者保护制度体系

资本市场是法治市场,法治强,则市场兴。经过 30 多年的建设发展,我国已基本建成了一套以《中华人民共和国证券法》等法律为核心,以相关行政法规、司法解释、部门规章、规范性文件为主干,以证券期货交易场所、行业协会等业务规则为补充的有中国特色的资本市场法律法规体系。

截至 2020 年年底,与资本市场相关的现行法律、行政法规和法规性文件、司法解释和政策性文件近 500 件,规章、规范性文件近 750 件。随着资本市场不断发展,证券期货基金行业基础法律法规逐渐完善,形成了行业专门立法不断成熟、民商事基本法不断夯实、行政立法不断规范、刑事立法不断完善的总体特点。国务院出台了一系列规范并促进资本市场发展的行政法规和法规性文件,对全面推行注册制改革、加强证券期货公司监管、促进多层次资本市场长期稳定健康发展具有重要意义。

经过多年发展,中国证监会也逐步建立起了包括发行融资、上市公司及挂牌公司监管、证券期货交易结算、中介机构监管、私募市场及区域性股权市场监管、稽查执法以及对外开放各方面,覆盖资本市场运行各环节的规章规范性文件制度体系,并将投资者保护理念及要求嵌入到各项具体制度安排中。与此同时,与投资者保护相关的专项制度体系也逐步建立成型,在维护我国资本市场投资者合法权益方面发挥了重要作用。

一、投资者保护专项制度

中国证监会在 2013 年推动国务院办公厅发布《国务院办公厅关于进一步加强资本市场中小投资者合法权益保护工作的意见》,紧紧围绕中小投资者最关心的收益回报权、知情权、参与监督权和求偿权等基本权利,作出了有针对性的制度安排。

为落实上述意见要求,中国证监会于 2013 年开通了"12386"中国证监会服务热线。在总结热线 5 年来的运行经验并听取各方意见的基础上,于2018 年发布《关于"12386"中国证监会服务热线运行有关事项的公告》,进一步突出了热线的定位和职能。

2015 年,《关于加强证券期货投资者教育基地建设的指导意见》及《首批投资者教育基地申报工作指引》出台,中国证监会在随后的几年间陆续公布第二批、第三批、第四批《证券期货投资者教育基地申报工作指引》,并于 2018 年出台了《证券期货投资者教育基地监管指引》,不断细化投教基地申报要求,持续规范对投教基地的考核评价与监督管理,投资者教育服务工作日趋成熟完善。

2017年,《证券期货投资者适当性管理办法》以中国证监会令的形式颁布实施,明确了投资者分类、产品分级底线标准,规范了证券期货经营机构义务,强化了监管与自律要求,由此建立了证券期货市场统一的适当性管理制度。

为依法、公正、高效化解证券期货纠纷,维护投资者合法权益,中国证监会联合最高人民法院分别于2016年和2018年印发了《关于在全国部分地区开展证券期货纠纷多元化解机制试点工作的通知》与《关于全面推进证券期货纠纷多元化解机制建设的意见》,不断建立健全有机衔接、协调联动、高效便民的证券期货纠纷多元化解机制。

2019年,为进一步推动投资者教育纳入国民教育体系,中国证监会和教育部联合印发《关于加强证券期货知识普及教育的合作备忘录》,加强对此项工作的统筹规划和规范指导。

2021年8月4日,最高人民法院办公厅与中国证监会办公厅联合印发《关于建立"总对总"证券期货纠纷在线诉调对接机制的通知》,对实现"人民法院调解平台"与"中国投资者网在线调解平台"系统对接,为证券期货纠纷当事人提供多元调解、司法确认、登记立案等一站式、全流程在线解纷服务提出明确要求。

二、新《证券法》中的投资者保护制度

新《证券法》第六章专门规定了投资者保护制度,此举被誉为本次证券法修改最具特色的亮点之一。全章共八条,第一次从法律层面对投资者适当性管理、股东权征集、上市公司现金分红、债券持有人会议与债券受托管理人、先行赔付、投资者保护机构调解、支持诉讼、股东代表诉讼以及证券代表人诉讼等投资者保护制度予以规定。

根据新《证券法》,作为投资者进入资本市场的基础性保护制度,投资

者适当性管理制度明确了证券公司的义务、法律责任以及投资者的义务,是强化"卖者尽责、买者自负"理念的重要制度安排。

股东权利征集制度旨在规范征集活动,鼓励中小股东行使股东权利并参与上市公司治理,提高公司质量。上市公司现金分红制度要求上市公司应当在章程中明确分配现金股利的具体安排和决策程序,有利于提高投资者的资本回报率。债券持有人会议和债券受托管理人制度明确了设立债券持有人会议的必要性和受托管理人的诉讼主体资格,凸显债券受托管理人维护债权人合法权益的法律地位。

先行赔付机制以先赔偿后追偿为特点,在降低投资者维权成本、帮助投资者高效获得赔偿的同时,对探索与注册制相适应的配套证券纠纷解决机制也具有现实意义。投资者保护机构调解制度明确了普通投资者申请调解时,证券公司不得拒绝的强制义务,简化了调解程序的启动流程,拓宽了小额纠纷的化解渠道。支持诉讼制度明确了投资者保护机构的支持诉讼主体资格,有利于更好地支持投资者通过诉讼维护自身权益,补足投资者的诉讼意愿和诉讼能力。股东代表诉讼制度对公司法的相关规定予以进一步明确完善,强化了此类诉讼中投资者保护机构的地位及作用。证券纠纷代表人诉讼制度兼具"代表人诉讼+退出机制+机构公益诉讼"等诸多制度特点,是对域外实践经验加以移植改造后形成的具有中国特色的证券集体诉讼制度。

除投资者保护专章外,新《证券法》还通过其他多项制度全面深入地体现了投资者保护理念:专章系统完善了信息披露制度,进一步扩大信息披露义务人的范围,优化信息披露的一般要求,强调应充分披露投资者作出价值判断和投资决策所必需的信息;加强对侵害投资者行为的查处,加大处罚和赔偿力度,提高违法侵权成本,明确发行人控股股东、实际控制人在欺诈发行、信息披露违法中的过错推定、连带赔偿责任,增加欺诈发行责令回购、行政执法当事人承诺、诚信档案等制度;明确规定中国证监会具有依法开展投资者教育的职责等。

总体上,新《证券法》通过对投资者保护进行专门化、具体化规定,将理论观点、监管实践以及司法审判中遇到的特殊问题汇聚成共识并形成法律制度,对全面加强资本市场投资者保护具有重要意义。可以预见,未来以新《证券法》为基础,以相关司法解释、行政法规、部门规章、规范性文件以及自律规则为具体指引的投资者保护法律法规体系,将为我国资本市场的投资者保护工作提供更充分和有力的制度支持。

第二节　投资者保护组织架构

资本市场投资者保护工作的开展和推进离不开行之有效的组织架构。2011 年,中国证监会成立统筹推动全市场投资者保护工作的投资者保护局,与 2005 年成立的中国证券投资者保护基金有限责任公司和 2014 年成立的中证中小投资者服务中心有限责任公司共同构成了投保工作的“一体两翼”。

在此基础上,形成了中国证监会投资者保护局牵头抓总、投保基金公司和投服中心等投资者保护机构具体落实,派出机构、交易场所、行业协会等证券监管系统各单位共同参与,市场经营主体履行主体责任,相关部委单位、司法机关及社会各方协同推进,共同形成合力的投资者保护组织架构体系(见图 1-1)。多年来的实践经验表明,这套组织体系和工作机制的有效运行切实提高了投资者保护工作效果。

一、中国证监会及派出机构

中国证监会作为国务院直属的正部级事业单位,依照《中华人民共和

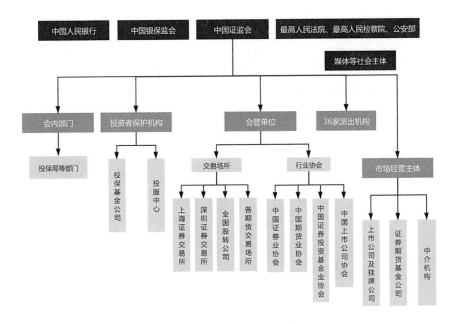

图 1-1　投资者保护组织架构图

国证券法》等法律、行政法规和国务院授权,统一监督管理全国证券期货市场,维护证券期货市场秩序,将投资者保护工作作为证券期货市场监管的根本使命,建立健全制度体系,持续强化全链条监管。

中国证监会投资者保护局负责投资者保护工作的统筹规划、组织指导、监督检查、考核评估;推动建立健全投资者保护相关法规政策体系;统筹协调各方力量,推动完善投资者保护的体制机制建设;督导促进派出机构、交易场所、行业协会以及市场各经营主体在风险揭示、教育服务、咨询建议、民事纠纷多元化解等方面,提高服务投资者的水平;推动建立健全投资者受侵害权益的依法救济渠道;组织和参与监管机构间投资者保护的国内国际交流与合作。2019 年,中国证监会专门成立了由中国证监会主席易会满任组长,各相关业务部门主要负责人为成员的投资者保护工作领导小组,进一步统筹各业务领域的投保工作,从更高层面研究部署投保领域的重点工作和重大政策。

派出机构结合自身实际情况,积极整合内部投资者保护工作资源,建立健全各处室间投资者保护的分工协作机制。36 家派出机构都设立了负责投资者保护工作的处室或成立了投资者保护工作领导小组。

同时,中国证监会及各派出机构还与中国人民银行、中国银行保险监督管理委员会(简称"中国银保监会")、地方政府相关部门以及行业协会建立协调工作机制,集中资源做好投资者诉求处理、投资者适当性管理、纠纷多元化解、投教基地建设、推动投资者教育纳入国民教育体系等投资者权益保护工作。

二、投资者保护机构

(一)投保基金公司

2005 年 6 月,国务院批准中国证监会、财政部、中国人民银行发布《证券投资者保护基金管理办法》,同年 8 月 30 日,投保基金公司注册成立,归口中国证监会管理。在贯彻落实中国证监会党委工作部署的过程中,投保基金公司逐步丰富完善了投资者保护工作内涵:筹集、管理和运作证券投资者保护基金;运营管理"12386"中国证监会服务热线,及时高效处理响应投资者意见诉求;开展证券市场调查,畅通投资者意见诉求反映渠道;每年发布《中国资本市场投资者保护状况蓝皮书》,为市场各方了解我国资本市场投资者保护状况提供参考;依托专项补偿基金、行政执法当事人承诺金管理、特色化纠纷调解机制以及证券纠纷代表人诉讼,推进资本市场投资者多层次赔付工作;开展证券公司风险监测,建立并不断完善交易结算资金监控系统,确保投资者交易结算资金安全。

(二)投服中心

2014 年 12 月,中国证监会批准设立投服中心,主要面向投资者开展公益性宣传和教育,普及证券期货基础知识,引导投资者全面知权;通过持有沪深交易所每家上市公司一手股票,行使质询、建议、表决、诉讼等股东权利,示范引领中小投资者主动行权;作为诉讼支持机构,委派诉讼代理人,支持权益受损的中小投资者诉讼,依法以代表人身份参加特别代表人诉讼,开展证券期货纠纷调解,引导投资者依法维权。此外,投服中心还通过中国投资者网为投资者提供知识普及、权益维护、互动交流等在线服务,并全额出资设立了中证资本市场法律服务中心有限公司(简称"法律服务中心"),作为我国唯一跨区域跨市场的全国性证券期货纠纷公益调解机构。

三、交易场所、行业协会等自律组织

(一)各交易场所

1996 年,深圳证券交易所(简称"深交所")创新推出投资者服务举措,启动投资者服务热线。2000 年 10 月,上海证券交易所(简称"上交所")在业内率先成立了"投资者教育中心",开启投资者教育相关工作实践探索。2008 年,沪深交易所分别设立了独立的投资者教育部门,系统开展投资者教育保护等工作。全国中小企业股份转让系统有限责任公司(简称"全国股转公司")通过与投服中心等调解机构深度合作、开展专项投教活动等,切实加强对投资者合法权益的保护。各期货交易所也在制定修改相关业务规则、加强对市场主体的自律管理以及投资者教育宣传等方面开展了诸多工作。

(二)各行业协会

中国证券业协会(简称"中证协")、中国期货业协会(简称"中期协")和中国证券投资基金业协会(简称"中基协")、中国上市公司协会(简称"中上协")以及各地证券期货行业协会,顺应资本市场和证券期货

行业的变化,不断健全自律规则体系,加强行业自律监管,推动落实投资者适当性管理制度,多渠道开展投教合作,完善纠纷处理机制,深度参与相关行业领域的投资者保护工作,在投资者保护监管组织架构中发挥着重要作用。

四、市场经营主体

(一)上市公司及挂牌公司

截至 2020 年年底,沪深交易所上市公司数量连续跨越 3000 家、4000 家两个量级,已达 4154 家,在中国经济体系中"基本盘""顶梁柱"的地位日益巩固。新三板市场挂牌公司达到 8187 家,总股本 5335.28 亿股,也已成为我国多层次资本市场的重要组成部分。各上市公司及挂牌公司在坚守主业、稳健经营的同时,注重对股东权利的尊重和保护。

上市公司通过"上证 e 互动""互动易"等平台畅通与投资者沟通交流渠道,各挂牌公司遵循差异化信息披露体系要求,根据其所在层次的信息披露指引,为投资者深入了解挂牌公司经营情况提供便利。上市公司及挂牌公司不断完善投资者关系管理制度规范,普遍运用网络投票机制为中小股东行使参与重大决策权提供便利,现金分红总金额和比例显著提升,在保障投资者知情权、参与权、收益权等方面持续发力。

(二)证券期货基金公司

近年来,各证券期货基金公司围绕投资者保护这一核心任务,积极开展多项具体工作。搭建与实施适当性管理制度规则相配套的系统平台,设置专人专岗从事相关工作。将咨询服务电话作为投资者反映意见诉求的重要渠道,通过智能化手段,切实提升投资者的服务体验。通过持续加强投资者保护相关工作制度的建设,促进规范经营,依托与证券期货调解组织签署备忘录等多种方式完善对投资者诉求的处理及响应机制。积极举办各类投资者宣传教育活动,引导投资者树立价值投资、理性投资的理念。

（三）中介机构

会计师事务所、律师事务所以及证券投资咨询、资产评估、资信评级、财务顾问、信息技术系统服务等中介机构切实履行勤勉尽责义务,立足发挥专业性和独立性的功能,为资本市场各项经济活动提供中介服务,严格履行资本市场"看门人"职责,认真把好"入口关",积极参与各类投资者教育活动,保护投资者合法权益。

五、国家部委单位、司法机关及其他社会主体

近年来,国务院金融稳定发展委员会多次强调要加强资本市场投资者保护,并提出多项具体要求举措,为各方面的投资者保护具体工作提供了指导,指明了方向。中国人民银行、中国银保监会等金融监管部门高度重视金融消费者保护,相关部门与中国证监会投资者保护局密切合作,积极履职,进一步扩大了资本市场投资者保护的覆盖面和影响力。最高人民法院、最高人民检察院、公安部等司法和行政机关,将保护投资者的合法权益作为证券司法工作的根本任务之一,指导公检法系统为资本市场投资者保护提供了强有力的司法保障。各类媒体依托专业性、客观性、时效性等特点和优势,在资本市场信息传递、舆论监督、投资理念宣传等方面发挥出日益重要的作用。

第 二 章

投资者保护格局

　　我国资本市场投资者保护工作围绕投资者尤其是中小投资者的知情权、参与权、收益权、求偿权等各项基本权利开展，涵盖股票、债券、基金、期货等领域，贯穿发行上市、市场交易、机构监管、稽查执法等方面。中国证监会持续构建全方位、全链条的投资者保护"防线"，多角度保护投资者合法权益的"大投保"格局已经形成。

第一节　股票市场监管中的投资者保护

　　在股票发行注册制改革的时代背景下，中国证监会不断完善信息披露规则，持续强化投资者关系管理工作，鼓励公众公司分红回报投资者，健全公众公司退出机制，不断完善投资者保护举措，促进股票市场的健康稳定发展。

一、推进以信息披露为核心的注册制改革

　　2018 年 11 月 5 日，习近平主席在首届中国国际进口博览会开幕式上宣布在上交所设立科创板并试点注册制。中国证监会按照党中央部署，坚持市场化、法治化的改革方向，推动形成从科创板到创业板再到全市场的

"三步走"注册制改革思路,坚持以信息披露为核心的注册制改革理念,切实保护中小投资者的合法权益。2019年7月22日,科创板首批25家公司上市。在总结并充分借鉴科创板试点注册制经验的基础上,2020年8月24日,创业板注册制首批18家企业上市交易。

一是建立健全以投资者需求为导向的信息披露规则体系。新《证券法》在真实、准确、完整的信息披露原则基础上,增加简明清晰、通俗易懂的要求,强化信息披露的可理解性,便利投资者了解上市公司情况,切实保障投资者的知情权。

二是确立以信息披露为核心的注册制监管理念。注册制改革突出以信息披露为核心,紧密围绕提高信息披露质量,通过审核问询,督促发行人"讲清楚"、中介机构"核清楚";通过开展现场检查、现场督导等方式"查清楚",提高发行上市环节的信息披露质量;在此基础上,投资者则要"想清楚",自主进行价值判断和投资决策。

三是建立公开透明、可预期的发行上市审核流程。沪深交易所实行"阳光审核",明确各环节审核时限,充分公开审核规则、披露规则,实现受理、问询、审议结果和监管措施全公开,确保审核运行严格规范。

四是进一步压实各方信息披露责任。明确发行人为信息披露第一责任人,应当诚实守信,依法充分披露投资者作出价值判断和投资决策所必需的信息;保荐人、证券服务机构等中介机构承担"守门人"职责,应当勤勉尽责,依法依规履行好信息披露的把关责任。交易所对审核中发现的发行人和中介机构未能说清的重大问题,及时开展现场督导。

五是注重不同板块信息披露的个性化和针对性。针对科创板和创业板企业的特点,明确发行人应当结合企业特点,真实、准确、完整地披露可能对公司经营业绩、核心竞争力、业务稳定性以及未来发展产生重大不利影响的各种信息和风险因素,同时确保披露信息的充分、一致、可理解,供投资者作出投资决策时参考。

六是加大风险防控和事中事后监管力度。强化事前事中事后全过程监管,强调各市场主体归位尽责,显著提升违法违规成本,有效防控风险,不断提高注册制下上市公司质量。

二、持续加强投资者关系管理工作

投资者关系管理是依法保护投资者合法权益、倡导价值投资理念以及改善市场生态的重要工作,有利于促进上市公司和新三板挂牌公司等公众公司完善治理、规范运作,提高公众公司质量,切实保护投资者特别是中小投资者的合法权益。近年来,在中国证监会统筹指导下,沪深交易所、全国股转公司和中上协等单位积极引导、广泛动员上市公司和挂牌公司加强制度建设,畅通投资者沟通交流渠道。

一是建立健全相关制度规则,引导公众公司加强与投资者的沟通。2005年7月,中国证监会发布《上市公司与投资者关系指引》,指导上市公司通过加强制度建设、搭建沟通平台等开展投关工作。2021年年初,为应对投关工作的新要求和新挑战,中国证监会启动《上市公司与投资者关系指引》的修订工作,进一步明确了投关工作内涵,丰富了投关工作的内容和方式,强化对上市公司的引导和规范。沪深交易所持续推进对上市公司开展投关工作的规范管理,要求上市公司做好信息披露,加强与投资者的沟通交流,切实保护投资者权益。全国股转公司在《全国中小企业股份转让系统挂牌公司治理规则》中明确要求挂牌公司建立健全投关制度,保障投资者充分行使权利。

二是充分发挥专门委员会作用,引导上市公司提升投关工作能力。2012年,中上协成立投关专业委员会,成员包括中国证监会相关单位、主流媒体及上市公司代表等。投关专业委员会致力于搭建专业性平台,推广业内优秀实践案例,促进投关工作交流、专业研究、宣传培训和资源共享,持续跟踪研究上市公司境内外投关工作情况,推动上市公司提升投关工作水平。2019年,投关专业委员会发布《投资者关系管理优秀实践》,收录200余篇优秀案例,共计60余万字。

三是鼓励推动上市公司通过召开投资者说明会等方式,与投资者加强沟通交流。业绩说明会、现金分红说明会、重大资产重组说明会等投资者说明会,是上市公司和投资者尤其是中小投资者沟通交流的重要载体。在中国证监会部署下,沪深交易所多措并举,分阶段、分步骤推动重点公司召开业绩说明会(年度报告说明会),并鼓励董事长(总经理)出席,与投资者进行深入沟通和交流。2020年,中国证监会重点推动以沪深300指数成分股公司为代表的公司在披露2019年年报后召开业绩说明会,沪深市场共计2317家上市公司召开了年度业绩说明会,近90%公司的董事长或总经理参加。2020年科创板网上业绩说明会召开期间,有50余家科创板公司的董事长、总经理、财务总监等"关键少数"与投资者积极互动交流,认真回答投资者疑问,沟通效果良好。2020年,超70%深市公司召开了2019年度业绩说明会,其中包括所有创业板公司。公司董事长、总经理、财务总监等"关键少数"积极参与,1284家公司董事长出席年度业绩说明会,占比81%;1424家公司独立董事出席年度业绩说明会,占比90%。深市公司全部利用网络形式召开会议,打破空间限制,为投资者参会提供便利,保障了投资者尤其是中小投资者参与公司决策的权利。

四是积极搭建交流互动平台,保障投资者决策参与权。为构建集中、便捷、及时的投资者常态化在线沟通渠道,沪深交易所利用信息技术,积极构建上市公司投资者交流互动平台。深交所在2010年推出"互动易",上交所在2013年推出"上证e互动",为上市公司和投资者"零距离"接触提供了便利。为便于中小投资者参加股东大会,积极行使股东权利,参与并督促上市公司加强公司治理,沪深交易所在 2004 年推出股东大会网络投票平台。截至 2020 年年底,沪深交易所上市公司累计已有 82944 次股东大会(或相关股东会议)采用了网络投票。在新三板市场,自 2020 年 7 月精选层开市至当年 12 月,共计 97 家次公司实施网络投票,有效保障投资者的决策参与权。

五是结合实践开展专题研究,逐步形成常态化投关管理状况调查机制。上交所分别在 2004 年和 2014 年开展联合研究计划,并形成《上市公司投资者关系管理评价指标体系研究》《投资者关系管理境外最佳实践研究》等成果。深交所分别在 2020 年和 2021 年发布《深市上市公司 2019 年投资者关系管理状况调查报告》《深市上市公司 2020 年投资者关系管理状况调查报告》。相关研究成果有利于进一步完善投关工作机制,提升工作效果。

三、推动公众公司回报投资者

投资者依法获取投资回报对于培育资本市场长期投资理念,增强资本市场的吸引力和活力,具有十分重要的意义。2020 年 10 月 9 日,国务院发布《国务院关于进一步提高上市公司质量的意见》,鼓励上市公司通过现金分红、股份回购等方式回报投资者,切实履行社会责任。新《证券法》进一步明确,上市公司应当在章程中明确现金股利的具体安排和决策程序,依法保障股东的资产收益权。

在中国证监会统一部署下,沪深交易所和全国股转公司严格履行一线监管职责,不断推动和规范公众公司完善现金分红机制,发挥市场传导作用,优化市场资源配置,实现公司、投资者及市场各方共赢。

一是推动公众公司建立分红机制。中国证监会持续加强制度建设,多举措、多渠道积极引导推动上市公司进行现金分红。2003 年以来,中国证监会先后发布《上市公司监管指引第 3 号——上市公司现金分红》《关于修改上市公司现金分红若干规定的决定》《关于鼓励上市公司兼并重组、现金分红及股份回购的通知》，强化现金分红的决策机制和信息披露要求，要求上市公司制定利润分配政策尤其是现金分红政策时，充分听取中小投资者意见，不断提高回报投资者的意识。2018 年 9 月，中国证监会修订《上市公司治理准则》，进一步要求具备条件而不进行现金分红的上市公司，应当充分披露原因。

近年来，上市公司现金分红率稳定在 30% 以上，平均股息率在 2% 以上，与国际水平基本持平。2020 年，上市公司现金分红（含股份回购）1.43万亿元，金额较 2019 年增长 9.16%，较 10 年前增长超过 4 倍。

沪深交易所在《上市公司监管指引第 3 号——上市公司现金分红》基础上，积极推动上市公司建立持续、稳定、科学和透明的分红机制，实现长期资金入市与现金分红之间的良性互动，提升股东回报。近年来，沪深两市上市公司回报股东意识逐渐增强，分红总金额、分红家数、分红比例持续提升，为投资者带来了良好的投资回报。2020 年，沪深两市共有 2661 家上市公司推出分红方案，分红金额合计 1.36 万亿元，同比增长 10.57%。

从新三板挂牌公司 2019 年年报披露情况看，实施现金分红的公司有1686 家，占挂牌公司总数的比例相较 2018 年增加 1.06%，累计分派现金228.22 亿元。挂牌公司现金分红水平总体较 2018 年有较大幅度提升，对投资者的回报更为合理、稳定。

二是鼓励上市公司实施股份回购。2018 年 11 月，中国证监会、财政部、国资委联合发布《关于支持上市公司回购股份的意见》，明确上市公司股份回购是国际通行的优化公司治理、稳定股价的必要手段，是资本市场基础性制度安排。该意见规定上市公司以现金作为对价，采用要约方式、集中竞价方式回购股份的，视同上市公司现金分红。同时，进一步拓宽上市公司回购资金来源、适当简化实施程序、强化激励约束，提高上市公司质量。

2018 年 11 月,中国证监会发布《关于认真学习贯彻〈全国人民代表大会常务委员会关于修改《中华人民共和国公司法》的决定〉的通知》,对支持和规范上市公司依法回购股份提出具体要求。2019 年 1 月,沪深交易所发布《上市公司回购股份实施细则》。当年共有 1076 家公司实施或完成回购,回购金额合计 1298.42 亿元,回购公司家数和回购金额较 2018 年分别增加了 37%、154%。

四、健全公众公司退出机制

退市制度是资本市场的基础性制度。建立多元化、常态化退市机制既是化解公众公司存量风险、对严重失信主体保持"零容忍"的重要制度安排,也是提高公众公司质量,发挥资本市场配置资源决定性作用、优化资本市场生态的必然要求。退市机制改革完善过程中,中国证监会始终把保护投资者特别是广大中小投资者的合法权益作为工作的重中之重,持续健全退市中的投资者保护制度体系。

(一)完善上市公司退市机制

一是持续优化退市制度规则。2014 年,中国证监会发布《关于改革完善并严格实施上市公司退市制度的若干意见》,对退市制度作了系统规范。2018 年,中国证监会对该意见进行修改,完善重大违法强制退市的主要情形。

2020 年 3 月,新《证券法》正式生效施行,不再对暂停上市情形和终止上市情形进行具体规定,改为交由证券交易所对退市情形和程序作出具体规定。2020 年 12 月,沪深交易所总结前期科创板、创业板先行先试的制度设计经验,正式发布新修订的《上海证券交易所股票上市规则》《深圳证券交易所股票上市规则》《上海证券交易所科创板股票上市规则》《深圳证券交易所创业板股票上市规则》等多项配套规则。

本次退市改革主要是根据新《证券法》的立法精神,结合当前我国资本市场的发展阶段和实际情况,按照退市工作"市场化、法治化、常态化"的要求,主要包括优化退市规则编写体例、完善退市指标、简化退市流程、新增其他风险警示情形和明确过渡期安排5个方面,建立了与"入口多元"相匹配的"出口畅通"制度设计。特别是,本次修订进一步完善重大违法强制退市的内涵,丰富重大违法强制退市的情形;增设"造假金额+造假比例"条款,重大违法退市指标体系更加完善,对于危害人民生命安全、欺诈发行、重大财务造假、通过财务造假规避退市标准的公司,无论公司造假金额大小、造假年限长短,只要触及相应指标,都将予以坚决出清。

二是完善退市中的投资者保护措施,切实维护投资者合法权益。加快推进先行赔付、责令回购、证券纠纷特别代表人诉讼制度落地实施。支持投资者保护专门机构依法提供相应法律服务,支持上市公司退市过程中涉及的中小投资者通过单独诉讼、共同诉讼、"示范判决+专业调解"等司法途径维护自身合法权益。

三是严格退市监管,做到"应退尽退"。严格执行退市制度,明确划分并压实各方责任。保持"零容忍",严厉打击退市过程中各类恶意违法违规行为,对相关机构和个人严肃追责。加强与地方政府及有关部门等有关方面的信息共享和监管合作,有效防范和约束退市过程中可能遇到的各种阻力。2019—2020年,共有25家公司被强制退市,数量是此前6年强制退市公司数量总和的2倍。

(二)持续完善终止挂牌程序

全国股转公司优化终止挂牌实施程序,明确信息披露时点,要求强制终止挂牌的公司定期披露风险提示公告,帮助投资者及时了解相关情况;设置有效措施,要求主动终止挂牌公司通过多种方式保护异议股东合法权益;畅通投资者诉求渠道,发挥主办券商的疏导作用,协同建立投资者纠纷解决机制,及时有效化解纠纷。

当前,退市制度改革正在深入推进,在持续完善退市标准,优化退市程序,推动退市新规落地实施的同时,进一步探索完善退市过程中的投资者权益保护机制,如持续完善退市风险公司的信息披露要求,为投资者决策提供更有效的信息和合理预期;建立退市风险日常监控机制;完善持续性、动态化的重大违法退市衔接机制;做好退市公司转板后续工作;等等。

第二节　债券市场监管中的投资者保护

债券市场是我国资本市场的重要组成部分,对于推动形成全方位、宽领域、有竞争力的多层次资本市场体系发挥着不可替代的作用。投资者作为债券市场最重要的参与主体,其行为贯穿债券发行和交易全过程,保护好债券投资者的合法权益,对于维护债券市场稳定健康发展具有重要意义。

一、健全公司债券发行上市审核机制

近年来,中国证监会深化"放管服"改革,对公司债券发行制度进行市场化改革,指导沪深交易所坚持市场化、法治化原则,遵循债券市场特点和发展规律,推进债券市场建设各项工作。

2020 年,落实国务院贯彻实施新《证券法》工作部署,中国证监会指导沪深交易所优化完善公司债券审核工作,着力提升债券市场服务实体经济的能力。一方面,健全发行上市审核制度,加强对公司债券发行的准入监管,进一步强化以信息披露为核心的审核理念,提高融资审核的针对性与专业性,围绕发行人偿付能力、偿债保障措施等投资者重点关注事项,切实提高信息披露质量。另一方面,通过强化针对性信息披露和风险揭示要求,完善偿债保障措施,设置针对性事前约束条款等多重举措,夯实风险防控机

制;同时,加大对违法违规行为的追责力度,压实中介机构"看门人"责任,切实保护投资者权益。

二、建立债券市场全链条监管体制

中国证监会指导沪深交易所进一步强化债券市场监管执法,建立全链条、全方位的监管机制,将发行人、发行人董监高和控股股东及实际控制人、承销机构、受托管理机构、证券服务机构、增信主体等各市场参与人纳入监管范围,构建形成涵盖日常监管措施、自律监管措施、纪律处分,逐层递进的债券市场监管措施体系,督促市场参与主体履职尽责、规范行为,切实保障债券投资者的合法权益。

沪深交易所在债券市场自律监管中,坚持发展和风控并重的理念。一方面,发布《公司债券存续期信用风险管理指引(试行)》等规则,不断健全债券市场风险处置制度,提升监管效能;另一方面,加强对于市场化、法治化风险管理工具的研究,推出持续滚动融资机制、债券置换、债券购回、特定债券业务、信用保护工具等,风险管理工具箱进一步丰富,有效缓释违约风险。

三、构建债券投资者多维度保护体系

(一)完善债券持有人会议制度

债券持有人会议制度是新《证券法》确立的债券市场投资者权益保护的核心机制。2020年7月发布的《全国法院审理债券纠纷案件座谈会纪要》进一步夯实了该制度的司法保障基础。沪深交易所在中国证监会的指导下,不断强化自律监管,聚焦债券持有人会议的决策范围和权限、召开程序等内容,及时发布《上海证券交易所公司债券上市规则》《深圳证券交易所公司债券上市规则》《公司债券持有人会议规则(参考文本)》等规则,明确规定应当召开持有人会议的情形,以及持有人会议召集、通知、表决、决议和记录等议事程序。

（二）研究完善受托管理人制度

新《证券法》在法律层面确认了公司债券受托管理人作为投资者利益代言人的法律地位,《全国法院审理债券纠纷案件座谈会纪要》也明确了受托管理人的相关职责。按照上述要求,沪深交易所债券上市规则对受托管理人制度相关内容进行明确,并制定受托管理协议的示范文本。

（三）发展完善债券信用风险管控体系

目前,沪深交易所已建立以发行人和受托管理人为核心的信用风险防控体系,对债券信用风险的管理、监测、排查与化解等作出明确要求,力争实现违约风险的早发现、早预警、早处置。

一是厘清各方责任,强调尽职履责。明确在债券信用风险监测和防控工作中,发行人应当积极承担主体责任,按时还本付息,不得逃废债务,同时要求中介机构应当履行相应的信用风险管理职责。在债券存续期内,要求受托管理人应当建立债券信用风险管理制度,参与风险处置;增信主体应按约承担增信责任;评级机构应跟踪发行人信用状况并公布评级结果;承销机构、会计事务所、律师事务所、资产评估机构等应当积极配合开展信用风险管理工作等。

二是持续动态监测,实行分类管理。《债券风险管理指引》依据发行人财务指标、内部治理状况、所处行业环境、是否存在负面事件等情况,将债券划分为正常类、关注类、风险类及违约类,并针对不同风险类别提出相应排查要求。债券受托管理人应根据《债券风险管理指引》确定的标准,持续监测发行人信用变化情况,及时调整债券风险分类并向交易所报告。

三是及时处置风险,化解矛盾纠纷。为提升风险防范实效,债券受托管理人将债券划分为风险类或违约类后,发行人、受托管理人和增信主体应当立即开展信用风险化解和处置工作,成立具有决策能力的领导小组,重视并落实各项风险处置措施。在化解和处置风险过程中,发行人需及时披露进展和采取的措施,并与受托管理人、增信主体等做好投资者沟通工作,及时说明情况,防范和化解相关矛盾纠纷。

第三节　期货市场监管中的投资者保护

1990 年,郑州粮食批发市场首次引入期货交易机制,中国期货市场大门开启。30 多年来,我国期货市场经历了从无到有、从小到大、从无序到有序且日益规范、繁荣的发展道路。伴随着期货市场的建立发展,期货投资者保护工作也逐步完善。中国证监会始终坚持以服务实体经济为宗旨,着力推进完善投资者保护制度、加强市场监管等重点工作,努力构建期货市场投资者保护的新格局。

一、完善期货投资者保护制度体系

近年来,中国证监会持续强化期货市场监管,加强期货市场投资者保护制度体系建设,目前已形成以《期货交易管理条例》为核心,以中国证监会部门规章、规范性文件为主体,以期货交易所、中期协自律规则为补充,符合中国期货市场实际的投资者保护制度体系。

2007 年,国务院发布《期货交易管理条例》,为期货市场的规范发展奠定了坚实基础。为落实《期货交易管理条例》的要求,中国证监会制定了《期货交易所管理办法》《期货公司监督管理办法》《证券期货投资者适当性管理办法》《期货投资者保障基金管理暂行办法》等部门规章及规范性文件。各期货交易所和中期协均已建立交易者适当性管理、违规违约处理办法等投资者保护制度。

2019 年,《期货公司分类监管规定》修订时将投资者教育纳入期货公司专项评价范围,建立健全投资者保护长效机制,进一步促进期货公司合规经营和期货投资者权益保护。

二、加强期货市场自律监管

各期货交易所积极主动履行自律监管职责,有效保护市场参与者合法权益。一是强化异常交易管理,维护市场秩序。持续优化异常交易处理程序和标准;通过合规提示,督促期货公司会员切实履行客户交易管理职责。二是加强实控关系账户、程序化交易客户报备管理,对疑似程序化交易客户动态发出程序化问询函,并持续更新程序化客户报备信息。三是优化套期保值审批流程,完善套保交易行为管理。密切监控套保套利客户交易行为,及时处理套保套利期现不匹配等行为。四是对期货公司会员开展以适当性管理制度落实情况为核心的合规检查,促进提升合规水平。

中期协积极创新投资者教育和保护手段,揭示非法期货行为危害,增强投资者的风险识别和防范能力。一是加强制度建设,发布《期货经营机构投资者适当性管理实施指引(试行)》《中国期货业协会调解委员会工作办法》《中国期货业协会投资者投诉举报处理程序》等规则。二是推进多元化纠纷化解机制建设,与浙江省高院等签署诉调对接合作备忘录,设立纠纷调解委员会。三是推进防非打非监测,宣传合法期货,及时向投资者提示风险。四是建立国家级投教基地——"期货投教网",编写百余种期货品种投教书籍、期货国民教育丛书和各类投教产品,自行开展和引导会员单位开展各类投资者保护专项活动。

相关期货交易所加强市场监管情况

郑州商品交易所持续加强市场监管,严格依规查处违规行为,切实履行一线监管职责。通过积极开展金融科技建设,制定金融科技发展规划,加快推进数字化转型。建设大数据信息平台,完善数据治理体系,充分挖掘数据价值。上线基于大数据及人工智能等新技术的新一代市场监查系统,优化关联账户分析算法模型,推进穿透式监管应用升级,开发辅助决策功能,深度挖掘数据价值,进一步提高系统智能化水平。

中国金融期货交易所自 2012 年以来共处理虚假申报、利益输送、未如实申报实控关系等各类违规行为 19 起,其中向中国证监会稽查局移送 4 起违法违规线索,获中国证监会立案 2 起。

大连商品交易所在 2012—2020 年,共排查违规线索 300 余万条,共查处异常交易行为 126740 起,盘中套保超仓 197 起,取消 5 名客户的套期保值额度、1 名客户的套期保值资格,对 515 个客户采取暂停开仓措施。共计处理违法违规线索 1120 起,其中上报中国证监会调查 16 起。

上海期货交易所(含上期能源)严格履行期货市场一线监管责任,持续推进科技监查建设,多措并举提升监管效能,打击违法违规交易行为,保护投资者合法权益,保证市场的可持续发展目标。2012—2020 年,共查处异常交易行为 9406 起,对 599 名客户采取暂停开仓的自律监管措施。对 154 起违规线索进行立案调查并进行自律处理,向中国证监会移送违法线索 10 起,立案 4 起,行政处罚 3 起,协助受害方向司法机关移送线索 3 起。

三、规范期货公司等市场主体行为

一是督促期货公司严格落实信息公示管理规定,提高期货市场透明度。中国证监会发布《期货公司信息公示管理规定》,要求期货公司制定信息公示管理制度,在官方网站、营业场所公示期货公司及从业人员等信息,保证公示信息真实、准确、完整,做好投资者的通知提示,保障投资者信息获取渠道畅通。

二是督促期货公司严格落实适当性管理规定,不断改进服务方式。在中国证监会指导下,各期货交易所和中期协持续督促期货公司落实适当性管理制度,充分揭示期货市场投资风险,严格落实风险告知警示的录音录像等留痕管理要求。不断改进服务方式,充分利用线上线下相结合的方式优化客户服务,畅通投资者投诉渠道。

三是设立期货投资者保障基金,保护期货投资者合法权益。2007 年,针对当时少数期货公司因违规经营、风险控制不力等原因造成的保证金缺口,《期货交易管理条例》明确规定"设立期货投资者保障基金"。同年 4 月,中国证监会、财政部发布《期货投资者保障基金管理暂行办法》,明确了期货投资者保障基金的筹集、使用、管理和监管要求,以及对延缴拒缴等行为的罚则。2016 年,根据监管工作实际,中国证监会对《期货投资者保障基金管理暂行办法》进行了修订。

第四节　强化资本市场稽查执法

作为证券期货监管部门的基础职能和核心职责,强有力的稽查执法是维护资本市场秩序的重要方式和保护投资者合法权益的重要手段。近年来,随着资本市场快速发展,对外开放步伐不断加快,证券期货违法违规案件总体数量处于高位,信息披露违法案件仍是稽查执法工作的重点之一,内幕交易和操纵市场行为更加隐蔽,为稽查执法工作带来新的挑战。

一、稽查执法组织架构与职责分工

伴随着资本市场的发展,中国证监会逐步形成了统一指挥、分工协作、立体多元的稽查执法体系,中国证监会稽查局统筹协调指导,稽查总队、各派出机构稽查部门、沪深专员办负责案件调查,中国证监会行政处罚委员会、各派出机构案件审理部门负责案件审理,并作出行政处罚决定或市场禁入决定。

中国证监会稽查执法工作坚持以服务实体经济和保护投资者合法权益为出发点和落脚点。一是持续优化案件调查组织模式。采取援派骨干、联合调查、以案代训、疑难复杂案件跨单位组建专案组等多种方式,整合稽查执法资源,为重点案件提供组织和专业保障。二是不断完善日常监管、自律管理与稽查执法之间的案件线索移送机制。优化公司机构类、异常交易类案件线索发现机制,突出对重大案件线索的及时发现、精准锁定和快速查处,提升稽查部门查办重大案件的效能。三是依法履行行政处罚职责。建立证券期货市场行政处罚巡回审理工作机制,推动中国证监会行政执法与派出机构、交易所一线监管有机衔接。2020 年,中国证监会多措并举提升案件审理效率,紧密服务监管大局,全年共作出行政处罚决定 349 项,罚没款金额 53.11 亿元,市场禁入 100 人次。四是构建协同配合的执法工作格局。持续强化与公检法机关的执法协作机制,全面加强与有关部委的协作配合,联手查办多起恶性案件,共同打击各类证券期货违法犯罪行为。近10 年来,中国证监会已累计向公安机关移送案件及线索近 600 起,依法追究康美药业、康得新财务造假、罗某东团伙操纵市场等一批涉嫌犯罪案件的刑事责任。

二、加大对违法违规行为的执法力度

党的十八大以来,中国证监会加大对各类证券期货市场违法违规行为的打击力度,查办了一批情节严重、影响恶劣的大案要案,对市场形成强有力的震撼和警示。

（一）重拳打击财务造假、欺诈发行等信息披露违法行为

财务造假、欺诈发行是证券市场的"毒瘤"，始终是监管部门打击的重点。近年来，已立案调查信息披露违法案件500余起。严肃查处欣泰电气、金亚科技欺诈发行，华泽钴镍、新光圆成大股东资金占用，雅百特、九好集团、康得新、康美药业、獐子岛财务造假等一批重大案件，震慑了违法行为。同时，坚持"一案多查"，查处立信、瑞华、众华会计师事务所等中介机构未勤勉尽责案件，督促中介机构切实履行"看门人"职责。

（二）精准打击严重扰乱市场交易秩序的违法行为

一是严打恶性操纵市场行为。共立案调查操纵市场案件330余起，严查北八道系列操纵案，吴某泽、唐某博跨境操纵案，大连电瓷实控人内外勾结操纵公司股价案等一批重大案件，严肃追究鲜某、任某成、朱某军、廖某强等操纵市场的法律责任。

二是严查内幕交易行为。共立案调查内幕交易案件800余起，查处春兴精工高管内幕交易、甄某涛内幕交易弘高创意股票、汪某元父女内幕交易健康元股票、吴某某等内幕交易王府井股票等多起重大典型案件。

三是严惩利用未公开信息交易行为。共立案调查110余起利用未公开信息交易（俗称"老鼠仓"）案件，查处博时基金原基金经理马某、中邮创业基金原基金经理厉某超等一批典型"老鼠仓"案件。

（三）集中打击重点风险领域的违法行为

一是加大对债券市场违法行为的打击力度。2018年，中国证监会会同中国人民银行、国家发展和改革委员会联合发布《关于进一步加强债券市场执法工作的意见》，明确由中国证监会依法对银行间债券市场、交易所债券市场违法行为开展统一执法工作。目前，已查办五洋建设欺诈发行债券、富贵鸟债券信息披露违法等重大案件。

二是严厉打击私募领域违法行为。已累计调查私募领域违法案件130

余起,涉及向非合格投资者募集资金,挪用管理财产、违规经营、利益输送、操纵市场以及内幕交易等违法行为。

三是严惩扰乱资本市场信息传播秩序的行为。共立案调查编造传播虚假信息案件近 30 起,先后对上海有色金属交易中心有限公司和陆某宏编造传播虚假信息、同花顺网络传播误导性信息等案件进行了严肃查处。

三、深入开展跨境监管和执法合作

对于财务造假等严重破坏市场诚信的违法违规行为,中国证监会始终坚持"零容忍"的原则,对于境外上市的中国企业,强调不管在何时、何地上市,都应当严格遵守相关市场的法律和规则,真实准确履行信息披露义务。目前,中国证监会已与 65 个国家和地区证券监督管理机构签署双边《监管合作谅解备忘录》,并于 2007 年签署《国际证监会组织多边监管合作谅解备忘录》。

此外,中国证监会积极探索与国际组织间更有效的合作方式,共同建立打击跨境证券违法犯罪行为的执法联盟,以实现更加紧密、更为有效的跨境执法合作。近年来,中国证监会共办理境外协查请求 70 余件,为境外监管机构执法提供了有效协助。

四、依靠科技监管实现精准执法

党的十八大以来,中国证监会紧密围绕全面深化资本市场改革大局开展稽查执法工作,坚持效率和效果导向,紧抓科技化建设,不断提升稽查执法工作的科技化水平。构建科技化执法体系,印发《稽查执法科技化建设工作规划》,推进数据集中、数据建模、取证软件、质量控制、案件管理、调查辅助"六大工程"建设。借助大数据优势和信息科技手段,提升线索发现的精准度,提高调查取证效率,增强案件管理信息化水平,加强对违法犯罪态势的分析,进一步促进稽查执法质效提升,切实保护投资者合法权益。

第 三 章

投资者适当性管理制度

投资者适当性管理制度是资本市场的一项基础制度,是国际资本市场普遍规则。2007 年以来,中国证监会陆续在创业板、新三板、金融期货等市场建立投资者适当性管理制度,涵盖所有产品与服务。2016 年 12 月,中国证监会在总结实践经验基础上,发布《证券期货投资者适当性管理办法》。作为我国首部投资者保护专项规章,该办法对我国资本市场健康发展和投资者权益保护产生了积极和深远的影响。目前,各市场、产品、服务均修订或制定相应的适当性管理规则,形成了适应我国多层次资本市场建设的适当性管理制度体系。中国证监会及其派出机构、各交易场所、行业协会依据自身职能,通过监督检查等工作,督促市场经营机构全面落实适当性管理制度。

第一节　投资者适当性管理制度概述

投资者适当性是指金融中介机构所提供的金融产品或服务与客户的财务状况、投资目标、风险承受水平、财务需求、知识和经验之间的契合程度。投资者适当性管理制度是根据投资者保护实际问题逐步建立完善起来的一项制度,旨在通过一系列措施使"适合的投资者购买恰当的产品",是维护投资者合法权益的基础制度。

一、投资者适当性管理制度建立的必要性

资本市场是一个有风险的专业化市场,股票、债券、基金、期货等各种产品的功能、特点、复杂程度和风险收益特征千差万别,而广大投资者在专业水平、风险承受能力、风险收益偏好等方面都存在很大差异,对金融产品的需求也不尽相同,特别是我国资本市场以中小投资者为主,更需要采取针对性措施来保护投资者合法权益。因此,有必要对投资者进行分类保护,将适当的产品销售给适当的投资者,防止不当销售产品或提供服务。

证券期货经营机构与投资者同为资本市场的参与者,但两者的定位和角色迥然不同。经营机构通过提供金融产品和服务获取收益,具有天然的开发更多客户、销售更多产品的冲动,投资者则处于信息不对称的相对弱势地位,随着金融产品日益丰富、产品结构日趋复杂、交叉销售日益频繁,两者的差别更加明显。投资者适当性管理制度是一剂良方,有利于平衡双方不平等的交易地位,约束经营机构短期利益冲动,增强经营机构长期竞争力,同时有助于提升投资者自我保护意识和能力。从长远看,经营机构适当性管理水平和投资者适当投资意识的提升,有利于落实"四个敬畏、一个合力"的监管理念,防范和化解系统性风险,形成有效的市场监管体系。

二、投资者适当性制度的国际经验

投资者适当性制度是国际资本市场普遍采用的规则,美国、欧盟、日本等还将适当性制度上升到法律高度。

美国证券法、证券交易法、投资公司法、投资顾问法等法律以及自律规则中均有针对金融中介行为的规范和投资者分类的专门条款。金融危机后,《多德-弗兰克法案》把投资者保护列为重点内容,进一步提升了认可投资者标准和投资者适当性管理义务,对认可投资者的自然人净值标准作出

新的解释。

《欧盟金融工具市场指令》规定了各成员国所有提供投资服务或开展专业投资活动的机构在向投资者提供金融服务时,一定要对投资者实施适合性和适当性评估。为了完成评估,首先要对客户进行分类,其次是对所有的产品和服务进行分类。不同的产品和服务需要评估的信息要求均不一样。为此,需要全面搜集客户的信息,包括投资目标、财产状况、知识和经验。经营机构在获得必要的客户信息基础上,进一步判断其推荐的产品或服务是否适合客户的财务状况和投资需求。

《日本金融商品交易法》第 40 条规定了适当性制度的总体原则。金融机构进行金融商品交易行为,应参照客户的知识、经验、财产状况及签订金融商品交易合同的目的,不得进行损害或有可能损害投资者保护的不恰当劝诱行为。金融销售机构应采取必要措施以确保恰当地进行金融商品销售,以保护客户的权益。

尽管各国和地区证券立法的出发点有所差别,对于经营机构活动的规范也有所差异,但适当性管理制度的核心均包括三方面内容:了解你的客户、了解你的产品、就产品和客户进行合理的匹配。

第二节　投资者适当性管理制度的形成与发展

我国投资者适当性管理制度经历了从无到有、从分散到系统的发展过程,具有基础性地位,发挥着中枢性作用,打通了证券法律制度的各个环节,并将其有机连接在一起,促进形成投资者保护各项制度的整体合力。

一、投资者适当性管理制度的探索

中国证监会自 2007 年发布《证券投资基金销售适用性指导意见》以

来,陆续在创业板、金融期货、融资融券、股转系统、私募投资基金、沪港通、深港通、股票期权、科创板等市场、产品或服务中建立了投资者适当性管理制度。先后发布了《创业板市场投资者适当性管理暂行规定》《股指期货投资者适当性制度实施办法(试行)》《全国中小企业股份转让系统投资者适当性管理细则(试行)》《证券公司融资融券业务管理办法》《上海证券交易所债券市场投资者适当性管理暂行办法》等,适当性条件主要包括财务状况、投资经验、产品认知和诚信状况等。

总体而言,这些制度的建立与实施对维护投资者合法权益起到了积极的效果,但上述规定仅适用于具体市场、产品或服务,比较零散,相互独立,且侧重设置准入门槛,对适当性管理制度的核心内容,即经营机构承担的适当性义务,规定不够系统和明确,个别经营机构落实适当性管理制度流于形式,造成部分风险承受能力低的投资者参与了较高风险的业务,遭受了损失。适当性管理构筑的是投资者进入资本市场的第一道防线,从一定意义上讲,没有健全并有效落实的适当性管理制度,就不会有成熟的经营机构和投资者,也不会有稳定健康的资本市场。

二、建立统一的投资者适当性管理制度

在系统总结相关市场、产品或服务的适当性管理实践的基础上,中国证监会制定并发布了《证券期货投资者适当性管理办法》。《证券期货投资者适当性管理办法》的核心是要求经营机构对投资者进行科学分类,把"了解客户""了解产品""客户与产品匹配""风险揭示"作为基本的经营原则。不了解客户就卖产品,不把风险讲清楚就卖产品,既背离基本道义,也违反了法定义务,将承担自律、监管等各个层面责任。《证券期货投资者适当性管理办法》明确了投资者分类、产品分级、适当性匹配等各环节的标准或底线,构建起看得见、抓得着的制度安排,并通过行之有效的举措将这些要求

落到实处。

一是依据多维度指标对投资者进行分类,统一分类标准和管理要求。明确普通投资者和专业投资者的基本分类以及相互转化条件。对特定市场、产品、服务规定投资者准入要求,作出原则性规范,明确在针对特定市场、产品或者服务制定规则时,可以考虑风险性、复杂性以及投资者的认知难度等因素,从资产规模、收入水平、风险识别能力和风险承担能力、投资认购最低金额等方面,规定投资者准入要求。投资者准入要求包含资产指标的,应当规定投资者在购买产品或者接受服务前一定时期内符合该指标。

二是明确了产品分级的底线要求和职责分工,建立层层把关、严控风险的产品分级机制。规定经营机构是产品或服务风险等级划分的主体,明确产品分级的考虑因素,建立了监管部门明确底线要求、行业协会制定产品名录指引、经营机构制定具体分级标准的产品分级体系。

三是规定了经营机构实施适当性管理全过程的义务,全面从严规范相关行为。细化经营机构了解投资者、评估产品、适当性匹配、风险警示和持续管理等各个环节的适当性义务的具体内容和方式,要求经营机构完善内部管理制度,禁止采取鼓励从业人员不适当销售的考核激励措施,突出适当性义务规定的可操作性,避免成为原则性的"口号立法"。

四是突出对普通投资者的特殊保护,向投资者提供有针对性的产品及差别化服务。规定普通投资者在信息告知、风险警示、适当性匹配等方面享有特别保护;经营机构与普通投资者发生纠纷,经营机构不能证明其履行相应义务的,应当依法承担相应法律责任。

五是强化监管职责与法律责任。本着违反义务必有追责的原则,《证券期货投资者适当性管理办法》制定了与义务相对应的监管措施与行政处罚,避免相关规定成为"没有牙齿的立法",确保适当性义务落到实处。

新《证券法》首次从法律层面对投资者适当性管理制度予以规定,设置了"举证责任倒置"机制,当普通投资者与证券公司发生纠纷后,证券公司应当证明其行为符合法律、行政法规以及国务院证券监督管理机构的规定,不存在误导、欺诈等情形,否则将承担相应的赔偿责任。2020年10月,中国证监会根据新《证券法》相关规定,对《证券期货投资者适当性管理办法》有关内容进行调整,进一步明确证券公司的法律责任。

三、投资者适当性管理制度的发展现状

自《证券期货投资者适当性管理办法》正式实施以来,各证券期货交易场所、行业协会均修订或制定了相应的适当性管理规则,形成了适应我国多层次资本市场发展的适当性管理制度体系。

上交所于2017年配套修订投资者适当性管理相关规则,形成在《上海证券交易所投资者适当性管理办法》基础上,包括港股通、融资融券、股票期权、退市整理股票、科创板等业务适当性管理规定的"1+N"规则体系。

深交所在2009年创业板施行投资者适当性管理制度的基础上,陆续发布创业板、股票期权、港股通、债券市场等投资者适当性管理业务规则,对相关市场、产品、服务的适当性管理制度进行完善。

全国股转公司成立之初即建立起投资者适当性管理制度,经过三次修订,实现了在基础层、创新层、精选层配套实施差异化的交易方式,满足了投资者适当性管理要求。

各期货交易所在章程、交易规则中明确规定投资者适当性管理制度等内容,及时发布并不断修订完善期货交易者适当性管理规则和操作指引,从交易所、会员、市场参与机构各个层面积极落实投资者适当性管理制度。

中证协、中期协和中基协在总结相关行业以往开展适当性管理工作中好的经验和做法的基础上,分别制定了适用于各自会员的投资者适当性管理实施指引,在适当性管理的程序、流程和方法等方面,作出参考性安排和引导。

第三节　投资者适当性管理制度的落实情况

2017 年以来,中国证监会投资者保护局及相关部门、各派出机构、各交易场所、行业协会、经营机构依据自身职能,通过制度制定、宣传教育、监督检查等工作,全面落实适当性管理制度。

一、市场经营机构落实适当性管理制度情况

证券公司近年来不断制定和完善内部适当性管理工作制度,覆盖普通账户、信用账户及相关业务,明确适当性管理工作流程和标准,特别是按照相关法律法规及自律规则,持续完善科创板、创业板、新三板等板块的投资者教育、适当性审查、风险揭示、回访等工作。通过系统升级,增加柜台系统相关功能模块,减少人工差错概率,增强操作风险的防控能力。通过建立业务部门、合规部门、客服中心、分支机构等配合协作机制,保障适当性管理的执行、监督、检查工作有效开展。据统计,2020 年证券公司开展的适当性管理相关培训 9721 场,参加培训的员工 108.9 万人次。

基金公司通过完善内部管理,制定系列规章制度,进一步规范基金销售行为,严格落实投资者适当性管理要求,确保基金及特定客户资产管理产品销售的适用性,提示投资者投资风险。维护升级技术系统,对直销系统进行改造,完善投资者信息填报内容,对投资者进行分类和风险承受能力评估,对产品风险等级与客户风险承受能力不匹配的情况进行提示等,充分履行告知义务。强化人员配备,定期组织适当性培训和考试,提升全体营销人员的法律意识,完善营销人员管理档案。强化代销机构管理,通过与代销机构签订协议,加强投资者教育并引导投资者充分认识基金产品的风险收益特征,要求代销机构主动及时向基金公司提供其基本信息及相应资料等。

期货公司持续完善内部管理制度,制定适当性实施细则,从了解投资者、评估产品、适当性匹配、风险警示到持续管理各个环节,细化适当性管理具体内容和方式,突出适当性义务规定的可操作性。积极参与中证协、中期协和有关交易所及地方协会组织的相关自律规则的培训,参照适当性文件模板设计业务文件,紧跟监管导向。强化内部培训,深入学习适当性管理制度内容,明确各业务部门、技术后备、合规风险的岗位职责,提高从业人员合规风险意识。

二、监管机构组织开展适当性监督检查

中国证监会以及派出机构将经营机构落实《证券期货投资者适当性管理办法》的情况列为年度专项检查内容,对适当性管理制度建立、技术系统建设、专业人员配备等方面落实情况进行检查。中国证监会各派出机构一方面根据《证券期货投资者适当性管理办法》的要求修订完善相关监管工作制度,另一方面在日常监管中采取多种措施依法监督辖区经营机构落实适当性义务。组织辖区经营机构及其分支机构进行合规自检和复核,现场校验检查,对执行不到位的情形及时采取监管措施。重点关注证券投资咨询机构虚假宣传、承诺收益、人员管理、利益冲突防范等适当性管理相关问题。

为落实党的十九大提出的打好"三大攻坚战"和全国金融工作会议明确的"三大任务",中国证监会陆续启动设立科创板并试点注册制,全面深化新三板改革、创业板改革并试点注册制等一系列改革举措。这些改革措施都涉及落实投资者适当性管理制度工作。

2019年以来,中国证监会指导各派出机构针对辖区经营机构开展专项检查,重点关注适当性管理规定执行情况,对客户权限开立、信息系统升级改造和测试情况进行重点核查,规范权限开立流程,做好权限信息披露工

作，严控配资开通权限。各派出机构通过组织自查、专项现场检查或日常非现场监管等方式，重点核实经营机构业务环节的适当性匹配和流程规范情况，针对适当性落实中存在的问题，督促经营机构及时整改，并采取监管措施，特别是在科创板、新三板、创业板重大资本市场改革进程中，联合相关交易场所重点开展适当性管理制度落实情况督查检查，确保改革工作顺利落地。

北京、上海、广东、深圳、山东、河南、甘肃、广西、安徽、福建等证监局将适当性管理纳入日常检查或专项抽查，组织市场经营机构开展自检和复核，抽选进行现场校验检查，并对执行不到位的情形及时采取监管措施。江苏证监局组织召开辖区经营机构座谈会督促落实适当性管理制度，以现场检查、举报投诉核查加大监管力度，并不定期整理汇编投诉举报和现场检查问题的案例分析，加强警示教育，要求市场经营机构认真对照整改。浙江证监局注意在特殊时点加以督导，如新冠肺炎疫情期间多家经营机构申请机构客户应急线上开户业务，浙江证监局对经营机构完善内控流程加强指导和监督。四川证监局组织开展近5000名投资者的问卷调查，针对发现的薄弱环节，开展专项检查，督促辖区机构及时整改完善适当性相关工作，将相关要求嵌入其业务全流程和合规风控体系，全面整改。云南证监局对辖区经营机构开展专项检查，推动机构制定适当性管理相关制度、细则和可操作的业务流程，做好投资者适当性评估。青海证监局持续督导辖区各机构进一步细化完善风险揭示、适当性审核等环节工作流程，健全完善内部管理和落实投资者适当性要求的长效机制。河北、宁夏证监局通过深入一线走访，开展专题调研等方式，就经营机构开户中执行适当性管理制度和辖区证券期货分支机构落实适当性管理工作进行调研，形成专项调研报告。

江苏证监局开出违反
《证券期货投资者适当性管理办法》的监管罚单

2017 年 12 月,江苏证监局发布对 Z 证券营业部采取出具警示函措施的决定,Z 证券营业部"因开展证券账户开立业务过程中,存在客户风险承受能力结果失实、缺失的情形,未能全面、准确地了解客户的风险承受能力,违反了《证券期货投资者适当性管理办法》第三条的相关规定",被江苏证监局出具警示函。

《证券期货投资者适当性管理办法》第三条要求:"向投资者销售证券期货产品或者提供证券期货服务的机构应当遵守法律、行政法规、本办法及其他有关规定,在销售产品或者提供服务的过程中,勤勉尽责,审慎履职,全面了解投资者情况,深入调查分析产品或者服务信息,科学有效评估,充分揭示风险,基于投资者的不同风险承受能力以及产品或者服务的不同风险等级等因素,提出明确的适当性匹配意见,将适当的产品或者服务销售或者提供给适合的投资者,并对违法违规行为承担法律责任。"据了解,Z 证券营业部之所以被罚,缘由是向某高校大学生开通股票投资账户业务违规。

Z 证券营业部所属公司为防范合规风险采取了以下措施:一是对 Z 证券营业部进行内部问责与处罚,并组织开展开户业务适当性管理自查整改工作。二是鉴于高校学生为应受特殊保护的弱势群体,应以投资者教育活动为主,在全国范围内全面叫停了高校开户活动。三是组织全公司所有营业部进行开户业务适当性管理专项自查整改工作,截至江苏证监局向 Z 证券营业部出具行政监管措施前两周,公司已完成全部新开客户的自查与整改工作。

三、加强科技监管在适当性管理中的运用

中国证监会高度重视科技赋能金融监管,部分派出机构已经开始将科技监管运用到适当性管理工作中。2017年起,深圳证监局大力推动集信息收集、统计、分析、监控于一体的投资者适当性管理系统建设。目前,该系统已在辖区部分证券公司应用,通过有效整合证券公司内部投资者基本信息、交易行为数据和外部第三方信用数据,辅以大数据分析和量化模型,可更有针对性地解决当前行业普遍存在的了解客户渠道单一、风险测评过于简单、风险揭示不到位、信息披露不及时、后续客户服务和动态跟踪不足等适当性管理工作中的相关问题。北京证监局通过舆情监控系统发现基金公司销售环节违规问题,及时跟进调查,对公司及责任人采取监管措施。大连证监局搭建投资者适当性管理信息系统,及时完成系统改造升级工作。

第 四 章

投资者教育服务

投资者教育是资本市场投资者保护工作的重要内容,是适应我国资本市场以中小投资者为主的特征而开展的基础工作。做好投资者教育,有利于提升国民金融素养、培育理性投资文化,还有利于防范金融风险、维护社会稳定。新《证券法》将"依法开展投资者教育"明确为中国证监会法定职责之一,这对进一步做好资本市场投资者教育工作提出了更高的要求。

近年来,中国证监会坚持适应性、普惠性、系统性、渐进性原则,统筹协调各系统单位、各市场主体全面开展投资者教育,形成投资者教育工作合力。建设和推广 199 家投资者教育基地,为广大中小投资者提供免费、便捷、专业的教育服务。持续推进投资者教育纳入国民教育体系,实现投资者教育的"抓早抓小",从源头上为资本市场培育理性投资者。围绕资本市场改革发展稳定中心工作,组织开展投资者教育专项活动,拓宽投资者教育受众面,扩大投资者教育影响力。

第一节　投资者教育基地建设

证券期货投资者教育基地,是指面向社会公众开放,具有证券期货知识普及、风险提示、信息服务等投资者教育服务功能的场所、网络平台等载体,是开展投资者教育的重要平台。建设投教基地,是投资者教育保护的一项基础设施工程,是落实《国务院关于进一步促进资本市场健康发展的若干意见》《国务院办公厅关于进一步加强资本市场中小投资者合法权益保护工作的意见》的重要举措。

一、投教基地建设与发展沿革

为解决广大中小投资者投资经验和风险意识相对不足、接受证券期货教育的途径较为有限等问题,中国证监会于 2015 年建立投教基地命名制度以来,将投教基地建设作为持续、系统开展投资者教育的一项重要举措,建立统一的建设标准,规范基地运行,提升教育效果。投教基地通过开展多样化投资者教育活动,展示资本市场发展成果,投放投资者教育产品,提供咨询等服务。运用体验式、互动式等技术手段,与投资者进行互动沟通,帮助投资者集中系统、持续便利地获取证券期货投资知识,认识投资风险并掌握风险防范措施,知悉权利义务,树立理性投资理念,增强自我保护能力,培育成熟的投资者队伍。

投教基地建设运行 5 年多来,规模数量稳步增长,运营主体日益多元,功能作用不断延伸,制度机制日趋完善,在普及证券期货知识、提高投资者风险意识、提升国民财经素养等方面发挥了重要作用。

(一)规模数量稳步增长

随着市场各方对投资者教育工作重视程度的提升,投教基地数量逐年稳步增长。自 2015 年建立投教基地命名制度以来,中国证监会及其派出机构已完成四批投教基地申报命名工作,投教基地数量从首批命名的 13 家增长至目前的 199 家。按照申报条件和授牌机构的不同,投教基地分为国家级投教基地和省级投教基地,目前分别为 71 家和 128 家。按照载体形式不同,投教基地又分为实体投教基地和互联网投教基地,目前分别为 126 家和

73家。

2016年3月,首批13家全国证券期货投教基地获得命名。2017年,第二批16家国家级投教基地获得命名,启动省级投教基地命名工作。2020年1月,第三批24家国家级投教基地获得命名。2021年9月,第四批18家国家级投教基地获得命名。

(二)运行主体日益多元

市场各方积极参与投教基地建设,申报和建设运营主体渐趋丰富多元。目前,已广泛覆盖证券期货交易场所、行业协会、证券期货市场专门机构,证券基金期货经营机构与其他金融机构,上市公司、非上市公众公司,高等院校、科研院所,传统媒体、新媒体与大型互联网平台,各地金融产业园区以及博物馆等文化教育机构,形成了监管部门主导推动、市场主体主动尽责、社会各界广泛参与的投教基地建设新局面。

(三)功能作用不断延伸

投教基地在建立之初主要承担投资者教育的基本功能。近年来,中国证监会统筹推进各投教基地系统化、常态化开展投资者教育,支持各投教基地在履行好投资者教育主责的前提下,结合各地区、各单位特色优势与广大投资者普遍关切的问题,主动承担社会责任。

有的投教基地利用当地红色教育资源,开展党史教育、红色金融教育,寓党史学习、爱国主义教育于投资者教育之中。有的投教基地结合脱贫攻坚和乡村振兴,在扶贫助学工作中融入少儿财商教育,探索"投教+扶贫"新模式。有的投教基地结合证券基金行业文化建设,突出投资者教育保护的社会责任导向,塑造良好行业形象,构建资本市场良好生态。

(四)制度机制日趋完善

2015年9月,为规范和推广投教基地,充分发挥其功能,在充分听取相关部委以及市场主体、教育机构、新闻媒体、投资者意见的基础上,中国证监会发布了《关于加强证券期货投资者教育基地建设的指导意见》。主要包括4方面内容：一是总体要求，明确了投教基地的定义、功能目标、建设原则和命名管理的主体、原则、方式等。二是投教基地的建设标准，明确了投教基地的分类，规定了投教基地的教育内容、功能区域和其他标准。三是投教基地的申报命名，明确了申报主体、申报材料、申报途径和命名程序。四是投教基地的监督管理，明确了投教基地的命名使用、日常运行、考核管理的要求，规定了激励措施和禁止情形等。《首批投资者教育基地申报工作指引》同步发布，提出了申报首批投教基地的具体量化标准，细化了申报材料要求，包括投教基地在实体场所(网站平台)、接待公众(网站访问)、设备配备、宣传信息、投教产品展示投放、投教活动开展、经费与人员保障、管理与考核制度等方面的具体要求。

《关于加强证券期货投资者教育基地建设的指导意见》和《首批投资者教育基地申报工作指引》发布以来，投教基地建设实践快速发展，为规范投教基地建设相关工作，中国证监会持续加强制度建设。

2018年3月，为规范投教基地监管工作，充分发挥其功能，提高投资者教育服务水平，中国证监会发布了《证券期货投资者教育基地监管指引》，明确对投教基地监管的职责分工、协作方式、监管措施、考核指标等，鼓励各类主体积极参与投教基地建设，将证券期货机构申报投教基地的命名与考核情况纳入证券公司、期货公司的分类监管，作为评价投资者保护相关指标参考。

(五)申报工作更加务实

2016年12月，《第二批证券期货投资者教育基地申报工作指引》发布，在保持首批基地申报文件框架、体例及主要内容不变的基础上，增加和完善了以下内容：一是在中国证监会命名的国家级基地之外，增加了各派出机构命名的省级基地。二是进一步完善了国家级基地建设标准。根据实际需求,适当提高投教产品数量、网站访问量和信息量等标准,增加了基地运行时间、投资者满意度调查等要求。三是参考国家级基地标准,制定了省级基地申报指引。

2018 年 12 月,《第三批证券期货投资者教育基地申报工作指引》发布,进一步对国家级和省级投教基地的建设标准、鼓励情形、禁止情形、申报要求作出规定。其中,取消了首批和第二批国家级基地明确要求实体基地建筑面积不少于 300 平方米的要求,规定"规模足以满足向全国投资者提供证券期货知识普及、风险提示和信息服务等教育服务的实际需要"。省级实体基地也取消了不少于 120 平方米的硬性要求。同时,对于投教产品尤其高质量原创产品的制作、投放标准逐步提高,体现了"实质重于形式"的原则。

2020 年 11 月,《第四批证券期货投资者教育基地申报工作指引》发布。在第三批指引的基础上,结合疫情防控需要,明确申报实体投教基地应合理进行开放安排,在当地防疫要求允许的情况下,满足相关开放时间与服务公众人次的申报标准。

二、投教基地命名与考核

根据《关于加强证券期货投资者教育基地建设的指导意见》,对于达到规定建设标准的投教基地,可以由中国证监会派出机构命名为省级投教基地,具有较高质量、较大规模和影响力的投教基地,可以由中国证监会命名为国家级投教基地(见表 4-1)。

投教基地命名工作遵循公开、公平、公正的原则,采取集中征集、自愿申报、专家评审、结果公示的方式,并考虑地区平衡,逐步扩大覆盖面。申报命名工作原则上每年进行一次,中国证监会可以视情况作出调整。为充分发挥投教基地公益性、专业性等特点,中国证监会及其派出机构对所命名投教基地实行分级和动态管理,做到有进有出。

表 4-1　国家级投资者教育基地基本信息表

序号	基地名称	形式	基地地址(网址)	申报单位
首批全国证券期货投教基地				
1	东北证券投资者教育基地	实体	吉林省长春市朝阳区建设街2007号	东北证券
2	华福证券投资者教育基地	实体	福建省福州市鼓楼区三坊七巷衣锦坊21号	华福证券
3	华泰证券投资者教育基地	实体	江苏省南京市建邺区庐山路168号新地中心二期一层	华泰证券
4	湘财证券投资者教育基地	实体	上海市虹口区黄浦路15号中国证券博物馆三楼	湘财证券
5	全国股转公司投资者教育基地	实体	北京市西城区金融大街丁26号金阳大厦	全国股转公司
6	深圳证券交易所投资者教育基地	实体	广东省深圳市深南大道2012号深圳证券交易所8楼金融博览中心	深圳证券交易所
7	万科投资者教育基地	实体	广东省深圳市盐田区大梅沙环梅路33号万科中心	万科
8	广发证券投资者教育基地	互联网	edu.gf.com.cn	广发证券
9	上海证券交易所投资者教育网站	互联网	edu.sse.com.cn	上海证券交易所
10	新华网投资者教育服务基地	互联网	xinhuanet.com/finance/tjjd	新华网
11	中国期货业协会期货投教网	互联网	edu.cfachina.org	中国期货业协会
12	中国证券业协会投资者之家	互联网	tzz.sac.net.cn	中国证券业协会
13	中金所期货期权学院	互联网	e-cffex.com.cn	中国金融期货交易所
第二批全国证券期货投教基地				
14	长江证券投资者教育基地	实体	湖北省武汉市武路558号附5	长江证券
15	国联证券投资者教育基地	实体	江苏省无锡市梁溪路28号	国联证券

序号	基地名称	形式	基地地址（网址）	申报单位
16	国融证券投资者教育基地	实体	内蒙古自治区呼和浩特市锡林南路 18 号 3 层	国融证券
17	国泰君安证券投资者教育基地	实体	上海市浦东新区商城路 618 号 1 楼	国泰君安证券
18	兴业证券投资者教育基地	实体	福建省福州市湖东路 268 号兴业证券大厦 1 层	兴业证券
19	中泰证券投资者教育基地	实体	山东省济南市市中区万寿路 2 号济南国际创新设计产业园 1 楼	中泰证券
20	中信建投证券投资者教育基地	实体	北京市朝阳区安立路 66 号 4 号楼	中信建投证券
21	东海证券投资者教育基地	互联网	edu.longone.com.cn	东海证券
22	机构间市场投资者教育基地	互联网	toujiao.interotc.com.cn	中证报价
23	江海证券投资者教育基地	互联网	edu.jhzq.com.cn	江海证券
24	平安证券投资者教育基地	互联网	edu.stock.pingan.com	平安证券
25	深圳证券交易所投资者教育网站	互联网	investor.szse.cn	深圳证券交易所
26	天风证券投资者教育基地	互联网	edu.tfzq.com	天风证券、湖北广播电视台、武汉大学资本市场法治研究中心
27	西南证券投资者教育基地	互联网	edu.swsc.com.cn	西南证券
28	中国结算投资者教育基地	互联网	edu.chinaclear.cn	中国结算
29	中国银河证券投资者教育基地	互联网	edu.chinastock.com.cn	中国银河证券
第三批全国证券期货投教基地				
30	安信证券投资者教育基地	实体	安徽省芜湖市镜湖区长江路 92 号雨耕山文化产业园内思楼 3 楼	安信证券、芜湖市人民政府
31	渤海证券投资者教育基地	实体	天津市南开区南门外大街 222 号世纪花园小区底商	渤海证券

续表

序号	基地名称	形式	基地地址（网址）	申报单位
32	方正证券投资者教育基地	实体	湖南省长沙市芙蓉区建湘路479号曼哈顿大厦	方正证券
33	国信证券投资者教育基地	实体	浙江省杭州市西湖区曙光路85号白沙泉并购金融街区运营中心	国信证券、白沙泉并购金融街区
34	国元证券投资者教育基地	实体	安徽省合肥市芜湖路168号同济大厦2楼	国元证券、安徽广播电视台
35	海南橡胶投资者教育基地	实体	海南省海口市滨海大道103号财富广场	海南橡胶集团、上海期货交易所
36	海通证券投资者教育基地	实体	上海市静安区余姚路420号	海通证券
37	红塔证券投资者教育基地	实体	云南省昆明市官渡区春城路168号副楼	红塔证券
38	华安证券投资者教育基地	实体	安徽省合肥市蜀山区天鹅湖路198号	华安证券
39	华西证券投资者教育基地	实体	四川省成都市吉庆三路399号华西证券总部大楼裙楼一楼	华西证券
40	上海证券交易所投资者教育基地	实体	上海市浦东新区杨高南路388号7楼	上海证券交易所
41	西部证券投资者教育基地	实体	陕西省西安市新城区东新街319号人民大厦西部证券总部一楼	西部证券
42	招商证券投资者教育基地	实体	广东省深圳市南山区南海大道新能源大厦一楼	招商证券
43	浙江金融职业学院投资者教育基地	实体	浙江省杭州市江干区学源街118号	浙江金融职业学院
44	中原投资者教育基地	实体	河南省郑州市金水东路180号	河南财经政法大学、中原证券、中原期货
45	东方证券投资者教育基地	互联网	edu.dfzq.com.cn	东方证券
46	东莞证券投资者教育基地	互联网	edu.dgzq.com.cn	东莞证券
47	工银瑞信投资者教育基地	互联网	edu.icbccs.com.cn	工银瑞信基金

序号	基地名称	形式	基地地址（网址）	申报单位
48	国金证券投资者教育基地	互联网	95310. org	国金证券
49	上海期货交易所投资者教育基地	互联网	edu.shfe.com.cn	上海期货交易所
50	蚂蚁集团投资者教育基地	互联网	edu.ant-financial.com	蚂蚁集团
51	新浪网投资者教育基地	互联网	toujiao.sina.com.cn	新浪网、投保基金公司
52	中航证券投资者教育基地	互联网	tjjd.avicsec.com	中航证券
53	中国财富网投资者教育基地	互联网	fq.cfbond.com	中国财富传媒集团
第四批全国证券期货投教基地				
54	北京基金小镇投资者教育基地	实体	北京市房山区长沟镇金元大街1号	北京基金小镇管理委员会、北京基金小镇控股有限公司
55	财通证券投资者教育基地	实体	浙江省杭州市玉皇山南基金小镇目术塘创意园2号楼2楼	财通证券股份有限公司
56	长沙银行投资者教育基地	实体	长沙市岳麓区滨江路53号长沙银行大厦	长沙银行股份有限公司
57	东吴证券投资者教育基地	实体	苏州工业园区星湖街328号国际科技园五期创意产业园20栋一楼、五楼	东吴证券股份有限公司
58	国海证券投资者教育基地	实体	南宁市滨湖路46号国海大厦主楼11楼D座	国海证券股份有限公司
59	国盛证券投资者教育基地	实体	江西省赣州市章贡区文清路66号（国盛证券）	国盛证券有限责任公司、赣州市人民政府金融工作办公室
60	恒泰证券投资者教育基地	实体	内蒙古呼和浩特市新城区海拉尔东街满世尚都恒泰证券办公楼13楼	恒泰证券股份有限公司
61	华创证券（实体）投资者教育基地	实体	贵州省瓮安县解放路314号锦美时代广场5栋2楼5号门面	华创证券有限责任公司、贵阳晚报

续表

序号	基地名称	形式	基地地址（网址）	申报单位
62	华林证券投资者教育基地	实体	拉萨市国际总部城 3 幢 1 单元 5 层 6 号（房号：3-1-5-6）	华林证券股份有限公司
63	山西证券投资者教育基地	实体	山西省太原市南中环街 256 号国信嘉园南门底商	山西证券股份有限公司
64	申万宏源证券上海新昌路实体投资者教育基地	实体	上海市黄浦区新昌路 180 号	申万宏源证券有限公司
65	兴业证券古田投资者教育基地	实体	福建省上杭县古田镇溪背村礼灿屋路 22 号	兴业证券股份有限公司
66	中国证券博物馆投资者教育基地	实体	浦西：上海市虹口区黄浦路 15 号；浦东：上海市浦东新区杨高南路 388 号上海国际金融交易广场 8 楼连廊	中国证券博物馆
67	鲁证期货投资者教育基地	互联网	luzhengtj.com:8083/lzqh/tjyd#/sy	鲁证期货股份有限公司
68	全景投资者教育基地	互联网	edu.p5w.net	深圳市全景网络有限公司
69	易方达投资者教育基地	互联网	edu.efunds.com.cn	易方达基金管理有限公司
70	郑州商品交易所投资者教育基地——衍生品学苑	互联网	edu.czce.com.cn	郑州商品交易所
71	中国证券投资基金业协会"投资者之家"	互联网	investor.amac.org.cn	中国证券投资基金业协会

资料来源：根据公开资料整理。

根据《关于加强证券期货投资者教育基地建设的指导意见》《证券期货投资者教育基地监管指引》相关要求，中国证监会及各派出机构建立健全了投教基地考核机制，确保投教基地持续符合建设标准。自 2018 年起，已连续 3 年开展投教基地考核工作。为全面客观考核各投教基地运行情况，投教基地访问人次、投教人员配置、投教产品投放、投教活动组织、满意度调查情况、经费投入、宣传信息刊发量等均被纳入考核指标体系。

在考核工作中,各投教基地对照考核指标表,填写自评情况,并按要求及时报送监管机构。监管机构根据日常监管检查等情况,对自评结果进行核查。考核结果由中国证监会及各派出机构向社会公布。

2018 年,在中国证监会开展的首批国家级投教基地考核工作中,考核结果优秀的 3 家,良好的 4 家,合格的 6 家;在省级基地中,考核结果优秀的 27 家,良好的 25 家,合格的 22 家。2019 年,在对 29 家国家级和 74 家省级基地进行的考核工作中,考核结果优秀的国家级投教基地 15 家,良好的 6 家,合格的 8 家;在省级基地中,考核结果优秀的 29 家,良好的 23 家,合格的 20 家。2020 年,在对 29 家国家级和 86 家省级基地进行的考核工作中,考核结果优秀的国家级投教基地 16 家,良好的 7 家,合格的 6 家;在省级基地中,考核结果优秀的 31 家,良好的 33 家,合格的 22 家。

三、投教基地工作成效与特色

各投教基地严格按照规定持续规范运行,立足公益性、专业性、特色性等原则,为投资者提供一站式的优质教育服务。投资者只需动动手、迈迈腿,就可以集中获取所需的投资知识和服务,有效解决了投资者保护中面临的许多难题。从实践和评估情况看,各投教基地运行效果良好,管理严格,投入到位,服务质量不断提高,为投资者保护工作积累了经验,树立了样板,受到投资者的认可。

2018 年,各投教基地服务社会公众达上亿人次,举办投教活动 1.5 万场,新投放投教产品 2000 多种,投资者满意度平均为 96%。2019 年,国家级投教基地网站访问量近 2 亿人次,现场接待投资者 9.8 万人次,投放投教产品 6400 余万份,举办投教活动 3.3 万余场,参与人次 3600 余万,投资者满意度与 2018 年持平。2020 年,国家级投教基地访问量超 2 亿人次,现场接待投资者 55 万人次,投放投教产品 26485 种,计 7524 万份,原创电子投教产品点击量近 5 亿人次,举办投教活动 77239 场,计参与人次 2.6 亿,投资者满意度平均为 97%。虽然受疫情影响,线下活动数量有所下降,但是各基地创新线上活动方式,各项数据与 2018 年度基本持平甚至有所增长。目前,投教基地已经成为各地展示资本市场发展成果、开展投资者教育的重要窗口(见图 4-1、图 4-2)。

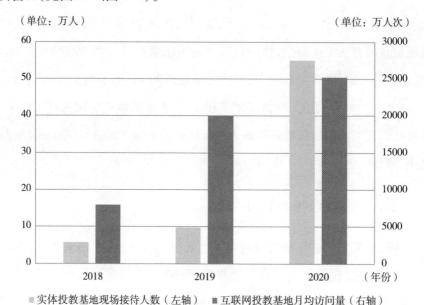

图 4-1　2018—2020 年实体投教基地现场接待
人数与互联网投教基地月均访问量

资料来源:根据投教基地报送数据整理。

此外,中国证监会及各派出机构指导各投教基地立足地域文化特色,以多层次、互动式、全方位地开展投资者宣传教育工作为抓手,不断健全投资者保护工作体系,将保护投资者合法权益工作做到深处、落到实处。从建设首批国家级投教基地开始,不断涌现出具有不同文化特点、地区特色的投教基地。

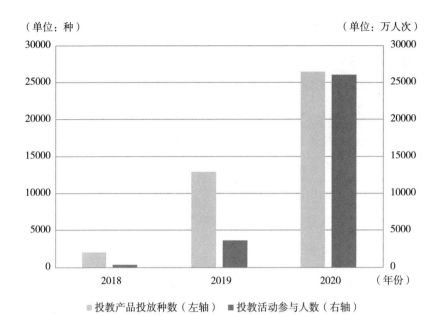

图4-2 2018—2020年投教产品投放种数与投教活动参与人数

资料来源：根据投教基地报送数据整理。

上海证券交易所投资者教育基地

2016年，上交所投资者教育网站获中国证监会首批全国证券期货投教基地授牌。2019年，上交所证券大厦实体投教基地获中国证监会第三批全国证券期货投教基地授牌。2021年，上交所金融交易广场实体投教基地正式启用。

上交所证券大厦投教基地位于3600平方米的交易大厅内，投资者可在交易大厅内感受体感互动、智慧型投教机器人、3D打印技术等科技元素，为投资者带来数字化、科技化和智能化的投教服务。上交所金融交易广场投教基地面向公众投资者和证券行业，旨在打造成为一站式投资者服务中心、上交所市场建设展示中心和证券行业投教资源共享中心。上交所实体投教基地以投资者需求为导向,切实考虑到不同群体的差异,引入智能化、可视化、互动性强的先进科技,设计模拟交易、历史场景等"沉浸式"体验。注重运用典型案例,向投资者普及金融知识、风险提示,传递监管理念,激发投资者兴趣。投教基地采用先进技术手段、多元化展现方式,建设面向公众投资者开放,具有证券交易知识普及、技能培训、理念引导、信息服务、创新体验等功能在内的综合性投资者服务中心。

上交所互联网投教基地坚持"三位一体"的平台定位,致力于成为整个证券市场抓好投资者适当性管理的重要平台、面向投资者做好知识普及的宣传平台、证券公司投教工作的交流平台。上交所投教网站自 2008 年正式上线以来,结合证券市场发展形势,主动吸收广大中小投资者与市场经营机构的建议,充分借鉴主流门户网站的运营经验,不断丰富投教产品内容,创新网站服务模式。网站以"7+1"的专栏布局集中展示了上交所投教的各项成果,通过"证券学院""投教精品""主题活动""服务 e 站""风险提示""相约基地""调查研究"七大专栏,向投资者提供丰富多彩的投教信息和资讯内容。

深圳证券交易所投资者教育基地

2016 年,深交所"互动体验中心"获中国证监会首批全国投教基地授牌。2018 年,深交所投资者教育网站荣获中国证监会第二批全国投教基地授牌。

2019 年,深交所全面升级实体投资者教育基地,将"互动体验中心"升级至"金融博览中心"。"金融博览中心"分为南北两个展厅,展示内容包括世界主要资本市场源流变迁、我国资本市场发展历程、深交所成长创新之路、深圳证券市场概况和深市投资者服务等。"金融博览中心"是深交所与深圳市共建的综合类金融展馆，是集史料展陈、知识普及、风险提示、信息服务、教育宣传等功能于一体的金融创新文化展示平台。通过纸质股票、债券、文献资料、证券实物、历史照片和多媒体等多种形式，帮助投资者了解证券市场基础知识、强化风险意识、提升金融素养。

深交所互联网投资者教育基地集知识学习、风险教育、互动体验于一体，向投资者全面提供信息交流、股东投票、宣传教育、分析研究、专题教育、意见征集、咨询反馈等服务，内容丰富、更新及时。深交所投资者教育网站主要功能包括：通过网站热线问答、证券学院、风险教育等栏目普及证券市场基础知识和法律法规，为投资者打造一站式学习园地；通过互动易、投票易等线上平台，畅通投资者股东权利行使渠道；通过网站投资者服务活动专栏，帮助投资者了解走进上市公司、走进基金公司等主题活动情况及活动现场的精彩问答等；通过创业板专栏、股票期权投资者教育等专题栏目，帮助投资者提升投资专业能力。

华福证券投资者教育基地

华福证券投资者教育基地是 2016 年中国证监会命名的首批国家级投资者教育基地，位于福建省福州市东街口商业中心，毗邻中国十大历史文化名街三坊七巷，交通便捷、机构汇聚、人流量大。

投教基地由华福证券自有产权场所改造建设而成，注重闽台交流，凸显地方特色，独辟"台湾资本市场区"，实用面积 312 平方米，共设有宣传厅、展示厅和专家讲坛厅三个功能厅，开辟包括台湾资本市场区、触屏互动区、资本市场历程区、客户体验区等 10 个特色区域。

文化古巷里的守正学堂，秉承"守正笃行"的宗旨，充分运用"互联网+"思维，发挥闽台特色文化，致力于打造公益、开放、专业、共享的投资者教育平台。贯彻弘扬优秀传统文化的精神同时扩大投教工作覆盖面，实现投教基地的品牌价值。学堂以建筑的历史为底蕴，辅以展出历史文物，有助于以史为鉴，开展投资理念宣传活动。

第二节 推动投资者教育纳入国民教育体系

中国证监会持续推动投资者教育纳入国民教育体系，从源头上提升投资者金融素质。截至 2020 年年底，全国已有 31 个省（自治区、直辖市）将投资者教育纳入国民教育体系，其中 22 个省（自治区、直辖市）在基础教育阶段的相关学科课程和教材中融入证券期货知识。累计在 4900 多所学校开展了不同程度、不同方式的教学试点，覆盖数万班级、5800 多万学生。累计开发证券期货学习资源 2 万余种，举办各类学习活动 6 万余场，经费投入 7300 余万元。

一、不断健全投资者教育纳入国民教育制度体系

党中央、国务院高度重视投资者教育纳入国民教育体系工作。2013年，国务院办公厅发布的《国务院办公厅关于进一步加强资本市场中小投资者合法权益保护工作的意见》明确要求"将投资者教育逐步纳入国民教育体系，有条件的地区可以先行试点"，该意见从国家战略高度对推动投资者教育纳入国民教育体系进行了明确定位，提出了目标要求。

2019 年，中国证监会、教育部联合印发《关于加强证券期货知识普及教育的合作备忘录》，促进投资者教育纳入国民教育体系的持续化、普及化、常态化、标准化。《关于加强证券期货知识普及教育的合作备忘录》明确了

课程设置、教材建设、师资培训、平台资源等事项,为推动投资者教育纳入国民教育体系提供了政策依据。

根据《关于加强证券期货知识普及教育的合作备忘录》,教育部主要负责推动证券期货知识有机融入课程教材体系,提升教师队伍金融素养,创新证券期货知识学习、应用方式。中国证监会及系统单位主要负责三方面工作:一是与各省(自治区、直辖市)教育行政部门协商共同规划,统筹利用好各地投教基地,提供必要的学生实训和教师培训服务。二是充分利用经营机构、行业协会、自律组织等的专业优势,开展证券期货系列公益讲座活动,普及证券期货常识。三是联合当地教育行政部门,组织证券期货行业专家和教育专家针对不同年龄段学生认知发展水平合作编写公益性证券期货知识读本;与高等学校合作建设精品在线开放课程,供各类社会群体自主选择学习。

为贯彻《关于加强证券期货知识普及教育的合作备忘录》精神,促进投资者教育纳入国民教育体系,在中国证监会的统筹安排下,各派出机构、证券期货交易场所和行业协会多措并举,组织推动投资者教育纳入国民教育体系工作。截至 2020 年年底,已有 25 个派出机构与当地教育行政管理部门等签订了合作备忘录等文件,共同推动投资者教育纳入国民教育体系。

二、投资者教育纳入义务教育和高中阶段教育

截至 2020 年年底,已有 20 多个辖区在 1600 多所学校开设了金融理财拓展课程或在基础型课程中融入证券期货知识,其中必修课 400 多门,选修课 110 多门,覆盖 6000 多个班级、94 万多名中小学生。另外,还开展讲座、知识竞赛、社会实践等活动 5600 多场,覆盖 4600 多万中小学生。

一是精心编制教材。上海证监局指导编写中小学理财教育读本,2013年年末出版后交付学校课堂使用。目前,已有 30 所学校、约 1 万名中小学

生使用该读本。广东证监局牵头编写《金融理财知识教育读本》系列丛书，会同广州市教育局邀请专家、省内大中小学教师等多方骨干成立编写组，保证教材的科学性、规范性、应用性。四川证监局在2017年启动教材编写工作，突出财商教育中国化，形成了《财富与价值》《家庭与传承》《企业与梦想》《社会与责任》四本教材，其中《企业与梦想》被教育部列入推荐书目，30余所中小学采用该教材，覆盖近3万学生。天津证监局贴近中小学生喜好设计"津胖"漫画形象，编写《青少年金融知识读本》系列丛书，指导渤海证券投教基地编印《理性投资从我做起——投资者保护财商教育小学版》教材。

二是探索设计课程。福建证监局指导兴业证券、华福证券基地与辖区学校，共同开发具有地方特色的课程，从小提升金融素养。上海证监局指导辖区8家投教基地累计与上海77所中小学开展合作，开设必修及选修课程3门，举办投教活动340余场，覆盖学生72万余人。广东证监局与广州市教育局、教研院合作制定《广州市中小学金融理财知识教育的课程方案》，共有110所学校加入试点，教育实践每年覆盖学生3万余人。

三是培育讲师队伍。四川证监局组织投教基地和西南财经大学先后联合培训60名公益讲师，包括投教基地员工、大学教师、证券公司优秀投顾和财经专业的青年志愿者。北京证监局于2020年组织投教基地开展师资培训18场，覆盖教师184人次。

三、投资者教育纳入高等教育和职业教育

截至2020年年底，已与2800余所院校开展合作，在经济金融类专业普遍开设课程。此外，还面向全体学生开设投资类普及教育选修课，总覆盖学生人数1200多万。

（一）金融类专业普遍开设投资者教育课程

中国证监会系统各单位鼓励经营机构与高校合作，为金融类专业学生

累计开设投资者教育课程 110 多门,普及证券市场基础知识,有序推进投资者教育纳入国民教育体系。

北京证监局联合深交所、中证协、全国股转公司、机构间市场投资者教育基地等多个机构,为中国政法大学商学院专业硕士开设"金融市场与金融机构"必修课。上海证监局指导海富通基金和上海交通大学安泰经管学院成立投教基地,全方面多层次深化产学研战略协作,包括合作课题、开设专门课程和讲座等内容。天津证监局与南开大学经济学院合作,为经济类专业本科生量身打造了理论联系实践、教学结合市场的"资本市场投资实务与风险管理"专业学分课程。中金所自 2017 年起,在浙江大学等 18 所国内重点高校开设金融衍生品学分课程。陕西证监局指导辖区机构先后在西安交通大学等 6 所学校开设 31 门证券期货必选修课,惠及学生 11000 余人。中证协联合深交所投教基地等与多所高校建立长期合作机制,开设公共选修课。上期所与复旦大学管理学院等合作开设"期货理论与实践"等学分课程。

此外,系统各单位还以举办实务讲座、建设实习基地等形式推动校企合作,从实务的角度进一步丰富高校人才培养的内容和形式,联合编写的投资者教育丛书在行业从业人员培养、投资者培训和高校学生中广受欢迎,成为广大学生了解资本市场的基础性资料,对推广金融知识起到了重要作用。

(二)非金融类专业以多种形式开展投资者教育

中国证监会系统各单位,通过开设选修课、举办讲座、组织夏令营等形式对非金融类专业学生开展投资者教育,引导青年学生正确认识资本市场,树立理性投资理念。截至 2020 年年底,已开设选修课 330 多门,组织讲座、夏令营 9000 多场次。

深交所联合各辖区派出机构、高校持续开展"理性投资·走进校园"活动,邀请证券公司、基金公司专业人士,以通俗易懂、深入浅出的方式,为大学生普及证券市场基础知识。全国股转公司"请进来"和"走出去"相结合，通过授课、讲座等方式普及证券知识，引导青年学生正确认识中国多层次资本市场。大商所自2017年开始启动"高校期货人才培育项目"，与清华大学、北京大学等83所高校合作开展187个高校期货人才培育项目。黑龙江证监局组织"龙江投保校园行""百家机构进社区、进高校"活动，在省内13家高校开展座谈讲座、知识竞赛等活动。安徽证监局举办国元证券杯安徽省大学生金融投资创新大赛，累计覆盖学生近100万人次。

四、投资者教育纳入继续教育、民族教育和特殊教育

在投资者教育纳入继续教育、民族教育和特殊教育方面，系统各单位也进行了积极探索，数家地方证监局、交易场所联合当地街道社区，组织推进"进社区"活动，累计发放投教产品数万份，开展讲座数百场，向社区居民进行投教宣传。

天津证监局针对近年来老年投资者金融知识匮乏、风险防范意识薄弱等突出问题，主动联系天津市社区教育指导中心、老年大学等部门，与天津市社区教育指导中心签署《关于投资者教育走进老年大学的合作协议》，通过"天津市终生教育线上平台+投资者保护主题线下授课"的形式，将投资者教育纳入全市老年大学课程体系。深圳证监局与地方政府密切协作，联合开展"深圳市居民金融素养提升工程"，探索将投教国民教育工作从教育体系拓展至全体居民，以街道作为百姓学金融科普阵地，组织证券基金机构与街道办一对一结对子并面向社区居民开展投教直播等宣传。上交所以树立理性投资意识、打造行业公益形象为目标，面向社区群众，在全国范围内开展"理性投资 远离非法证券期货陷阱"的公益讲座进社区活动，已联合94家会员单位，走进全国356个社区，居民参与活动人数近2万人。中金所通过金融衍生品管理课程，实现金融期货行业人才培育全国重点地区全

覆盖,累计举办18期机构培育课程,培训900余家市场机构共1118名中高管及业务骨干。内蒙古证监局组织编写出版了首部少数民族地区青少年财商读本《青少年金融探索之旅》,向学校捐赠试用;开发蒙汉双语投教产品,制作蒙汉双语宣传材料30余种,累计向学生发放8万余份。

为提升投资者教育服务的覆盖面,中国证监会系统各单位还通过知识竞赛、夏令营、走进交易所、走进投教基地等丰富多彩的形式对学生开展投资者教育。中证协组织校园金融交易大赛、证券知识竞赛等活动。郑商所连续三年组织"期货知识进校园"活动,在全国近200所合作高校开展期货知识讲解、沙龙研讨会、期货模拟交易指导等800余场活动,累计受益约12万人。深交所充分发挥投教基地引领带动辐射作用,邀请高校学生、教师共8811人走进投教基地,近距离接触证券历史实物,参与模拟交易活动。

第三节　投资者教育专项活动

为进一步加强投资者教育和保护,引导投资者理性参与投资,中国证监会设立"全国投资者保护宣传日",围绕监管中心工作,持续开展"公平在身边""投资者保护·明规则、识风险""理性投资 从我做起""走近科创 你我同行""诚实守信 做受尊敬的上市公司"等投资者教育专项活动,普及证券期货知识,提示投资风险,帮助投资者树立理性投资理念,提高风险防范意识和自我保护能力。

一、设立"5·15全国投资者保护宣传日"

为切实维护广大投资者合法权益,自2019年起,中国证监会将每年5月15日设立为"全国投资者保护宣传日",以"心系投资者 携手共行动"为主题开展相关活动,在全社会积极倡导理性投资文化,建立起监管部门主导推动、相关部门联动、行业主动尽责、公众积极参与的投资者保护长效机制。

2019年5月15日，中国证监会在北京举行了首个"5·15全国投资者保护宣传日"启动仪式。中国证监会主席易会满与最高人民法院、证券公司、媒体、投资者代表共同启动宣传日活动，举办了证券期货投资者教育产品展，设置科创板投教展区，发布了投资者保护专项制度汇编、典型案例、投资者保护状况白皮书、投教工作自律指引，上线"中国投资者网"微信公众号，开展了投保工作交流发言。启动仪式结束后，投资者代表走进中国证监会，实地了解中国证监会稽查执法、新闻发布、行政许可受理服务等情况。全国各地同步开展投资者保护活动1万余场，3947万人次参加，制作原创投教产品1万余种，发放实物投教产品919万件，电子投教产品总点击量3375万次，相关新闻报道800余篇，百度搜索结果260万条。

2020年5月15日，第二届"5·15全国投资者保护宣传日"活动主题为"学习贯彻新《证券法》保护投资者合法权益"。易会满出席活动并发表讲话，中国证监会副主席阎庆民主持活动。活动现场宣布全国性证券期货专业调解组织中证资本市场法律服务中心设立并揭牌。宣读第三批全国投教基地命名决定。组织相关行业协会联合发出"落实证券法 加强投资者保护"倡议书。中国证监会系统各单位同步在全国各地开展了形式多样的投资者保护宣传活动。

2021年5月15日，中国证监会在北京举办第三届"5·15全国投资者保护宣传日"活动，主题为"守初心担使命 为投资者办实事"。易会满宣布启动"重走百年路 投教红色行"投资者保护宣传活动并为宣讲团代表授旗。最高人民法院副院长姜伟出席活动，阎庆民出席并讲话。活动现场还全面开通了证券期货纠纷在线诉调对接系统，现场和线上同步展播了证券监管系统和市场机构近年来开发的投资者喜闻乐见的原创投教产品，发布了《中国资本市场投资者保护状况蓝皮书（2021）》系列子报告。中国证券业协会、中国期货业协会、中国上市公司协会、中国证券投资基金业协会联合向会员发出了"提高客户服务质量 提升投资者满意度"倡议书。同日，证券监管系统各单位同步在各地开展了第四届"股东来了"知识竞赛启动、"投资者教育走入基层党建"、"梦想计划"等形式多样的投资者保护宣传活动。

二、开展适当性宣传教育活动

一是做好系统内适当性管理制度培训工作。为落实好适当性管理制度，组织召开面向全系统、全市场经营机构的培训会议，赴28家系统内相关单位现场授课，做好人员培训。

二是做好舆论宣传引导工作。《证券期货投资者适当性管理办法》实施前，中国证监会相关部门主要负责同志应邀参加《央视财经》评论栏目，对相关规定进行权威解读，组织开展专项宣传活动，在《人民日报》、行业权威学术期刊上发表投保宣传文章，市场反响良好。

三是开展丰富多彩的投资者适当性教育活动。浙江证监局指导浙商证券投教基地推出以投资者适当性为主题的微电影。宁波证监局组织开展新登记私募基金管理人"监管第一课"专题培训，普及私募基金知识，督促落实投资者适当性等监管要求。福建证监局指导辖区内私募基金管理人签订"落实适当性管理 保护投资者合法权益"的行业倡议书等，加强案例警示，提高从业人员合规意识和对《证券期货投资者适当性管理办法》具体执行标准的准确理解。广东证监局组织开展"了解适当性管理办法"主题教育活动，组织辖区经营机构自主开展"深入投资者 宣传适当性"等专题投教活动。沪深交易所、全国股转公司、各期货交易所通过线上线下、图文视频等多种形式开展投资者适当性教育活动。

三、主要专项教育活动实践情况

（一）2015年"公平在身边"投资者保护专项活动

"公平在身边"投资者保护专项活动于2015年5月开启，活动内容主要包括：一是围绕投诉处理能力建设，介绍部分派出机构特色处理机制以及部分会管单位投诉服务体系和成效。二是围绕多元化纠纷调解组织有效发挥作用、多地开展诉调对接实践、调解员队伍结构优化、调解工作机制完善等内容，加强投教宣传。三是围绕《中国资本市场投资者保护白皮书》，介绍上市公司和证券公司投资者保护水平和状况。四是围绕投资者教育基地建设和授牌，推动投资者教育纳入国民教育体系、风险提示等工作。五是围绕持股行权工作情况，加强持股行权的背景概念、做法目标、境外经验等内容宣传，为投资者解疑释惑。

专项活动期间，共有60多家媒体累计刊发500多篇活动新闻和评论，发布典型案例53个，改编发布股市故事143个，网站转发链接5000多条，微博6000多条，累计评论24000多条，编印并向广大投资者发放《"公平在身边"投资者保护系列丛书：典型案例集》上万册，在市场和投资者中引起广泛反响。

（二）2016年"正确认识私募 远离非法投资"专项教育活动

2016年，中国证监会以"正确认识私募 远离非法投资"为主题，组织开展了为期两个月的私募基金投资者权益保护专项教育活动，通过普及私募知识、解读法规规则、曝光违规案例、开展风险提示等方式，推动私募基金投资者保护工作不断深入，促进私募基金行业健康发展。

此次专项教育活动取得了较好的效果。一是强化了投资者对私募基金的正确认识，使投资者知悉相关法规政策，了解私募基金风险，提高风险防范和自我保护意识，减少因盲目投资而遭受损失的情况发生。二是增强了市场经营机构及从业人员的合规自律意识,促使其准确掌握私募基金各项监管自律要求,提高依法履职尽责的自觉性。三是促进了私募行业规范发展,在开展专项教育活动的同时,强化监管执法,对305家私募基金管理人开展专项检查,注销1万多家不符合条件的私募基金管理人,对私募行业形成有效震慑,净化市场环境。

在活动结束后,中国证监会开展了私募基金投资者调查和教育效果评估,83.4%的投资者对此次活动持肯定态度,认为活动部署周密,参与主体广泛,开展渠道多元,形成了较大的活动声势,有实实在在的获得感。

(三)2017年"投资者保护·明规则、识风险"专项活动

2017年5月起,中国证监会组织开展了为期6个月的"投资者保护·明规则、识风险"专项活动。活动期间,选取了60个典型案例编辑成小故事,以"远离内幕交易""警惕市场操纵""谨防违规信披""防范违规经营"为主题分四个阶段共18期持续开展宣传。活动呈现以下特点。

一是深入剖析,聚焦投资者权益遭受侵害的多发领域。专项活动选取了具有一定市场和社会影响力的典型违法案例,从案件事实、行为特点、法律依据等方面对案件进行剖析,分析违法违规行为的成因以及启示,为投资者揭示相关风险。

二是以案说法,用生动活泼的故事展示复杂案情。深入浅出地阐明规则红线、风险底线和政策高压线。如"枕边风"炒股票触发内幕交易,黑嘴"专家"诱骗投资者等一系列案例文章,以生动诙谐的语言将证券期货法律法规、投资风险融入时下热点,让投资者在潜移默化中知悉规则、防范风险。

三是持续宣传,召开4次新闻发布会保持新闻热度。共有78家媒体累计刊发190多篇新闻和评论,百度搜索相关结果300余万条。其中,四大证券报"投资者保护专栏"刊发宣传文章120多篇,来自北京大学、中国人民大学等高校、研究院的专家学者发布专题解读文章10多篇。

四是充分参与,多种形式广泛宣传法律知识。一方面,通过研讨会、高校社区宣讲等方式进行面对面交流,覆盖投资者近 200 万人;另一方面,通过手机运营商、微信公众号等发送提示信息 2 亿多条,展示相关内容 6 万余个。特别是首次将投教视频投放在高铁电视播出,日均覆盖人次约 180 万。

(四)2018 年"理性投资 从我做起"投资者教育专项活动

2018 年 3 月起,中国证监会组织开展了为期两个月的"理性投资 从我做起"投资者教育专项活动。针对市场热点及投资者关注问题开展了有特色、有亮点的投教活动,投放各类投教产品 300 余种、1000 多万份,举办投教活动 1700 余场。活动体现以下特点。

一是多方共同参与,形成投教合力。在四大证券报开辟活动专栏,持续刊发稿件和案例,将投资知识送到广大投资者身边。沪深交易所、中证协开展投教培训、发布调查报告、开展投教作品展播,加深投资者对证券投资知识和市场风险的感受。天津、福建、河南、湖北、广东、内蒙古、厦门证监局积极联系当地政府部门,组织辖区市场经营主体和各类媒体共同参与,保证活动效果。

二是紧贴投资者需求,制作原创精品。上海证监局联合第一财经电视频道、上海市公安局经侦总队及上海市证券同业公会制播专题电视节目。安徽、陕西、宁夏证监局通过撰写宣传专报、编印口袋丛书、制作动漫视频等方式为投资者提供"贴身"教育和咨询服务。

三是丰富投教方式,突出活动实效。山东、海南证监局组织"投资者教育进校园"系列活动,江苏、四川、青海、新疆证监局组织投资者走进辖区上市公司,黑龙江、江西、重庆证监局组织投资者到辖区投教基地参观学习,通过形式多样、内容丰富的投教活动将理性投资的宣传送到投资者身边。河北、山西、吉林、湖南、广西、贵州、西藏、甘肃、青岛证监局不断创新投教宣传渠道,扩大宣传受众范围。

（五）2019 年"走近科创 你我同行"投资者教育专项活动

围绕设立科创板并试点注册制改革这项中心任务,2019 年 3 月初,在科创板制度规则发布后,中国证监会即开展了主题为"走近科创 你我同行"的投教专项活动。活动主要内容包括以下五个方面。

一是广泛开展科创板特色投教活动。以"3·15 国际消费者权益日""5·15 全国投资者保护宣传日"为契机,组织系统各单位,调动市场主体积极性,开展了内容丰富、形式多样的科创板投教活动 8 万余场,累计超过7000 万人次参与。

二是举办科创板投资者保护专题培训。组织开展投资者保护大讲堂、"科创板投教行"巡讲等系列专题培训,帮助中国证监会系统投资者保护干部和证券经营机构从业人员掌握科创板及注册制投教投保相关知识,做好投资者投资风险提示工作。

三是推出一系列科创板原创投教产品。活动期间共制作投放原创投教产品 3 万余种,发放实物投教产品 432 万件,电子投教产品总点击量超过1.3 亿次。

四是多平台深入开展科创板投教宣传。中国证监会投资者保护局负责同志通过央视直播向全社会介绍科创板制度安排。开展科创板专项问卷调查,利用"12386"中国证监会服务热线、中国投资者网、电视、广播及新媒体等平台和渠道多措并举深入开展投教宣传。

五是持续稳妥提示科创板投资风险。通过中国投资者网、11000 多家证券营业部、广播电视节目、行情软件等渠道实时滚动播放风险提示词条,以"润物细无声"的方式,持续强化广大中小投资者的理性投资和风险防范意识。

（六）2019 年"辨真伪·识风险 做理性私募投资者"专项教育活动

2019 年下半年,中国证监会以"辨真伪·识风险 做理性私募投资者"

为主题,通过普及私募知识、解读法规规则、曝光违规案例、开展风险提示等方式,在全国范围内开展了私募基金专项教育活动。活动呈现以下特点。

一是首次联合兄弟部委共同行动,覆盖面广。活动首次联合中国人民银行、中国银保监会、国家网信办共同行动,首次实现"金融监管部门全覆盖,宣传教育内容全覆盖,线上线下宣传渠道全覆盖,各类金融消费者(投资者)全覆盖"。北京、广西、海南、重庆、青海、宁夏等地证监局还与当地中国人民银行营业管理部中心支行、银保监局、网信办等部门向辖区金融机构联合下发活动通知,进一步细化活动内容和相关要求。

二是结合"2019 年世界投资者周"深入开展活动,影响力大。活动与国际证监会组织的"世界投资者周"活动相结合,一方面探索面向在华留学生等外籍人士提供投资者教育服务,使其了解我国资本市场的发展现状,直观感受中国的投资者教育和保护文化;另一方面向国内投资者宣传介绍国际证监会组织及有关工作情况,展示国外证券监管机构投教投保相关实践经验。

三是以需求为导向服务广大投资者,满意度高。活动期间,中国证监会系统各单位组织制作了一批优秀的原创私募投教产品,山西、上海证监局指导当地协会、投教基地制作投教短视频,覆盖观众近千万人,探索了一系列生动活泼、喜闻乐见的投教方式。浙江证监局在支付宝平台"答答星球"栏目开展"金融大作战"线上答题活动,参与用户超 407 万人,答题总场次超1082 万次。广东证监局通过广州电视塔、CBD 楼体越秀金融大厦显示屏进行宣传。

(七)2020 年"诚实守信 做受尊敬的上市公司"投资者保护专项活动

为深入贯彻《中共中央 国务院关于构建更加完善的要素市场化配置体制机制的意见》相关精神,具体落实国务院金融委第 26 次会议关于加强资本市场投资者保护的要求,在第二届"5·15 全国投资者保护宣传日"活动上,中国证监会启动了"诚实守信 做受尊敬的上市公司"投资者保护专项活动。

本次活动的目标主要是:一方面,大力宣传信息披露监管政策和制度,弘扬诚信经营、坚守本分的企业精神,强调真实、准确、完整、及时信息披露的义务和责任,号召上市公司尊重投资者、敬畏投资者、回报投资者,不断强化促进内生式发展的软实力建设;另一方面,加强上市公司监管,对造假行为"零容忍",从严打击、从严处理各类信披违法违规行为,形成强大的外部监管力量,与内部软实力建设形成合力,督促上市公司做守底线、负责任、有担当、受尊敬的企业。

各派出机构开展了形式多样的宣传活动。通过派出机构负责人专访互动、上市公司现身说法、案例剖析、专家解读、媒体评论等方式,多渠道、多媒介宣传新《证券法》关于信息披露的要求、投保制度安排,提高信息披露违规成本等,引导督促上市公司树立诚信理念,强化合规意识,增强投资者理性投资意识和自我保护能力。

(八)2020 年"创业创新 共迎发展"创业板投资者教育专项活动

为保障创业板改革并试点注册制工作平稳落地,2020 年,中国证监会组织开展了"创业创新 共迎发展"创业板改革投资者教育专项活动。活动呈现以下特点。

一是顺应市场需要,打出投教组合拳。以产品和活动为重要抓手,围绕创业板改革涉及的发行上市、适当性管理、交易、信息披露等 10 个方面内容,推出了 100 余件原创投教产品,向投资者全面解读创业板改革有关内容。举办 20 多期线上活动,邀请市场专家解读创业板改革意义,通过"云投教"线上活动服务的投资者共计超过 540 万人次。

二是组织多方主体参与,凝聚投教合力。举办 42 场"聚焦创业板注册制 践行理性价值投资"线上投教活动,约 60 万人次参与活动。组织 3 场证券经营机构投教工作者线上培训活动,明确创业板改革投教工作要求,约910人参加培训。各经营机构制作发布约1500件投教产品,包括说唱、情景剧、游戏等新形式,点击量达到1250万次。举办7000多场投教活动,覆盖约338万名投资者。

(九)2020年"三板新风 携手向前"新三板投资者教育专项活动

中国证监会以"三板新风 携手向前"为主题,开展新三板改革投资者教育专项活动。活动主要内容包括以下几方面。

一是制作多元化投教作品近180件,向投资者解读新三板改革的制度安排、运行机制,普及投资知识,提示投资风险。"改革问答"系列文字产品,契合改革进程,系统介绍新三板改革全貌;"一图读懂新规"系列图文产品,生动描述规则要点,帮助投资者准确把握新规内容;"微讲堂"系列音频产品,用声音讲述新三板知识,便利投资者充分利用"碎片化"时间学习;"漫画"产品寓教于乐,以漫画形式,向投资者解读精选层交易规则,保障精选层平稳落地。

二是开展讲座论坛、知识竞赛、业务培训、走进交易场所、走进营业部、走进公众公司等投教活动,将新三板知识送到广大投资者身边。

三是督促检查相关经营机构落实新三板适当性管理、诉求处理、纠纷解决等投资者保护要求,确保投资者充分了解新三板风险,相关诉求能够得到有效处理。

四是开展新三板投资者调查,了解投资者的真实状况和需求,同时开展教育效果评估工作,建立投资者反馈机制,改进教育内容和方式,提高新三板投资者教育保护效果。

五是充分发挥投资者互动平台、行情交易软件、营业部显示屏、两微一端等渠道功能,依托各类新闻媒体平台,构建立体化投教宣传网络。

（十）2021年"重走百年路 投教红色行"投资者保护宣传活动

为更好学习宣传党史和资本市场发展史，推动党史学习教育和投资者保护工作相结合，结合2021年"5·15全国投资者保护宣传日"活动主题，中国证监会投资者保护局联合沪深交易所组织开展"重走百年路 投教红色行"投资者保护宣传活动。来自会机关及沿途派出机构、沪深交易所、市场经营机构的青年志愿者组成宣讲团，赴嘉兴、上海、古田、井冈山、遵义、延安、西柏坡，进社区、进学校、进企业，面向当地投资者和广大群众，以多种形式宣讲党的百年历史，普及投资者保护知识，厚植爱党爱国情怀，培育理性投资理念。该活动自5月15日起持续一个半月，采用线上线下相结合的形式开展。活动主要内容包括以下两方面。

一是开展党史、资本市场发展史宣讲。引导投资者知史、爱党，理解、认同、支持党的方针路线和资本市场政策，增强爱党爱国信念。

二是开展理性投资宣传教育。普及证券期货知识，宣传资本市场法律法规，开展防非教育，提供资本市场相关服务。通过一系列活动，帮助当地投资者认识风险、理性投资，提升金融素养，增强自我保护能力。深入讲解资本市场政策，开展技术援助和物资捐赠等活动，推动当地政府和企业解放思想、转变观念、把握资本市场改革机遇，积极对接资本市场，带动地区经济发展。

此外，中国证监会还组织开展了3·15投资者保护主题教育活动、世界投资者周、防非宣传月、公募REITs专项投资者教育活动、债券投资者权益保护教育专项活动、沪港通投资者专项教育活动等，做好投资知识普及、风险提示，传递政策理念。

四、系统各单位广泛开展投资者教育专项活动

（一）投服中心"股东来了"

"股东来了"投资者权益知识竞赛是由中国证监会办公厅、投资者保护

局指导,投服中心组织开展的证券期货类知识大赛。

自 2018 年开始,"股东来了"已举办 3 届,活动覆盖全国 36 个辖区及港澳台地区。前两届由投服中心联合央视财经频道主办,分为全国网络初赛、六大赛区区域复赛和央视决赛三个阶段。第三届因受新冠肺炎疫情的影响,由投服中心自主举办,首次尝试纯网络赛方式。三年累计网上注册答题人数达 275 万,答题人次超 3 亿,共举办线下活动 700 余场,各类稿件、视频阅读观看量超 1.15 亿人次。"股东来了"活动呈现以下特点。

一是面向广大中小投资者普及权益知识,引导投资者"全面知权、积极行权、依法维权",倡导"理性投资、价值投资、长期投资"理念,在全社会形成全面普及、全民学习的浓厚氛围。

二是聚焦投资者权益知识,围绕新《证券法》、设立科创板并试点注册制改革、创业板注册制改革以及新三板改革等资本市场重大改革部署设计题目,帮助投资者了解党中央、国务院关于资本市场的重大决策部署。

三是积极拥抱新技术新媒体,不断创新活动形式。从走进上市公司、举办知识讲座,到走进高校、访问社区,再到上综艺、拍视频、玩直播,"股东来了"不断创新,将知识性和娱乐性、趣味性有机统一,吸引了越来越多的投资者参与其中。

(二)"中金所杯"全国大学生金融知识大赛

为进一步普及金融衍生品知识,自 2014 年起,中金所联合中国期货业协会推出了"中金所杯"全国大学生金融知识大赛。活动呈现以下特点。

一是参赛人数众多,会员宣讲积极,学生交流踊跃。"中金所杯"已经成功举办了 7 届,参赛范围除中国外还覆盖北美、欧洲、东南亚等地区,参赛高校达 1230 所,累计参赛学生约 24 万人次,覆盖了国内全部 42 所"双一流"大学和 67 所专业类财经高校,累计走进校园开展培训讲座 2000 多场。

二是竞赛组织专业,实践实习丰富,社会反响广泛。"中金所杯"的赛事内容涵盖金融期货及现货内容,命题及组卷工作采用集中封闭形式,考试组织严格按照从业资格考试标准,确保了赛事组织规范,竞赛结果公平。针对获奖学生,组织开展暑期夏令营,参观交易所,走访市场机构,让学生们接触一线实务,了解市场架构,洞察行业发展,并且提供中金所、中期协及相关市场机构的实习岗位。据不完全统计,已有超过110所高校将学生获奖情况与评奖评优、保研加分、学分认定等挂钩。

此外,从第五届"中金所杯"全国大学生金融知识大赛开始,每届大赛专门针对家庭贫困且品学兼优的学生设立了10个励志奖奖项,并在实习、夏令营、宣传等方面着重进行倾斜,积极践行社会责任至上的理念,向社会传递正能量,大赛也因此荣获2018年度陆家嘴温暖金融城公益榜"资教赋能实践奖"。

(三)深交所全国投教动漫大赛

为进一步推动投资者教育与文化创意有机融合、相互促进,以动漫开金融之窗、以文化架教育之桥,深交所自2019年起联合讽刺与幽默报社举办全国投教动漫大赛。

2019年,第一届投教动漫大赛以"画出你的股事"为主题,共收到知名漫画家、证券从业人员、高校师生等各界人士创作的1510件参赛作品,最终评选出64件获奖作品。作品形式丰富多样,涵盖沙画、剪纸、水墨、绘本等,生动展示资本市场理性投资理念、发展历程和证券市场基础知识等内容,在抖音、今日头条等网络平台的阅读量达到3.2亿人次。

2020年,第二届投教动漫大赛以"资本市场三十年 丹青妙笔画股事"为主题,共征集6100件作品,投资者阅览量超过8.9亿人次。金融机构、上市公司、高校等群体和证券从业人员、知名漫画家等投稿,作品数量是第一届大赛的4倍,内容专业、类型丰富、特色鲜明,涵盖漫画、动画、书法、摄影等形式,在抖音、快手和今日头条等平台广泛传播。经过大赛评委会和主办单位的层层选拔,从专业性、艺术性、创新性等多维度衡量,评选出 76 件获奖作品。相关作品围绕投资者教育和保护主题,介绍证券投资知识、回顾资本市场发展历程、传播理性投资理念。

(四)上交所"E 呼百答"——ETF 知识大赛

为进一步加强 ETF 知识普及教育,在中国证监会投资者保护局的指导下,上交所联合中基协,自 2019 年起举办"E 呼百答"——ETF 知识大赛,以线上知识答题竞赛形式普及 ETF 投资知识。大赛主要呈现以下特点。

一是立足人民日益增长的财富管理需要,以赛促学。ETF 大赛通过积分排位知识竞答的方式,并采用手机线上答题的形式,方便投资者随时随地参与活动。两届大赛宣传覆盖全国 34 个辖区,答题人数逾 510 万人,累计覆盖投资者 3100 万人。

二是推动理性投资文化建设,引导公众投资者树立正确投资理念。专设高校学生赛道,以赛事宣传为契机,引导市场机构走进 800 余所高校开展财经素养教育活动,面向投资者及潜在投资者开展理性投资教育。

三是发挥市场主体投教作用,强化社会责任导向。共有 95 家证券公司和 30 余家基金管理公司积极参与合作,开展宣传活动约 6000 场。大赛经由 30 余家行业媒体协作推广,进一步扩大活动覆盖面。

(五)"郑商所杯"全国大学生金融模拟交易大赛

郑商所自 2018 年起,连续举办三届"郑商所杯"全国大学生金融模拟交易大赛,累计参赛近 7 万人。在校大学生均可通过郑商所衍生品学苑网站免费报名参赛;运用比赛定制软件,进行与实盘高度相似的期货模拟交易;使用报名账号在中期协网上后续培训系统学习期货、期权基础知识,自主考取期货从业资格证书;参加由郑商所支持、分布在全国近 200 所高校的"期货知识进校园"专题知识讲座及上机模拟;走进郑商所,探究期货市场发展历程；优胜学生可获得奖金、证书、金融机构实习推荐等奖励。活动呈现出如下效果。

一是以赛促学，成果显著。"郑商所杯"赛制规定获得期货从业资格证书的参赛者，将获得理论知识水平测试得分10分，激励学生学习理论知识。累计约7000名参赛者获得资格证书。

二是以赛为媒，推动投资者教育纳入国民教育体系。以"郑商所杯"为平台，郑商所已同全国近300所高校建立合作关系，其中约1/4的高校已将"郑商所杯"参赛成绩纳入学生期末综合测评考核因素。同126所高校教师以电话访谈或座谈形式，就普及期货知识、培育综合人才等进行交流。结合高校师生需求及市场发展情况，支持会员单位、地方协会累计举办线上、线下公益讲座828场，受益师生近13万人。

（六）中证协"学习新证券法 做理性投资人"证券知识竞赛

2020年10月至11月，中证协"投资者之家"投教基地联合机构间市场投教基地开展了"学习新证券法 做理性投资人"证券知识竞赛活动，广大个人投资者和高校师生积极响应，踊跃参与，总报名人数2.2万人，总答题次数41.7万次。

证券知识竞赛根据行业投资者教育线上化、移动化特点，结合中证协投教探索实践，使用中证协投教手机应用程序移动端平台，采取知识答题、模拟交易相结合的方式举行。证券知识答题竞赛围绕新《证券法》实施、设立科创板并试点注册制、创业板改革及新三板改革等投资者"应知应会"重点知识。模拟交易竞赛开展以新阶段沪深市场各板块为投资范围的模拟交易，通过模拟投资实践帮助投资者体验最新市场环境。竞赛根据选手综合得分设置总榜单，根据知识答题、模拟交易竞赛表现设置分榜单，总榜单、分榜单分别设置一等奖、二等奖、三等奖，通过差异化奖项设置对参赛选手予以充分奖励，提升参赛选手的参与度和学习积极性。

　　此外,系统各单位还开展了带领中小投资者"走进上市公司""走进基金公司""做理性的投资人""投资者服务丝路行""首席经济学家的一堂公开课""科创基金看中国"等内容丰富、形式多样的投资者保护专项活动,为投资者提供丰富多元的教育服务,不断提升投资者金融素养,营造理性投资氛围。

第 五 章

投资者行权维权机制

中国证监会在便利中小投资者行权维权方面进行了一系列实践探索，构建了持股行权、支持诉讼、先行赔付、纠纷调解和代表人诉讼5项投资者行权维权机制。其中，持股行权制度侧重于对证券民事纠纷的事前预防，通过投资者保护机构亲身参与到公司治理中，唤醒中小投资者行权意识，规范上市公司治理；先行赔付、纠纷调解制度作为证券期货纠纷多元化解机制的重要组成部分，在降低投资者维权成本、缩短投资者赔付周期、稳定市场预期等方面发挥着重要作用；支持诉讼、代表人诉讼制度则作为追究证券期货违法违规行为人民事责任的最后一道防线，切实强化了民事赔偿的震慑力度。新《证券法》将这些投资者行权维权工作中的成熟经验正式上升为法律制度，标志着投资者行权维权机制得到进一步发展与完善。

第一节　持股行权机制

持股行权机制是中国证监会以实际问题为导向，运用市场化方式，加强中小投资者保护和服务的新探索。指导投服中心开展持股行权，以普通股东身份依法行使权利，聚焦投资者和市场关注的热点问题，代表中小投资者发声，通过示范效应提升广大中小投资者股权意识，引导中小投资者积极行权、依法维权,有利于督促上市公司规范运作,提高治理水平,推动投资者保护工作深入开展。

一、持股行权机制的建立

持股行权是指投服中心公益性持有沪深两市 A 股上市公司每家一手股票,通过向公司发送股东建议函、参加上市公司股东大会或媒体说明会、现场查阅、公开发声等多种方式,以股东(或证券持有人)的身份行使质询、建议、查阅、表决、诉讼等法律赋予的股东权利。

作为贯彻落实《国务院办公厅关于进一步加强资本市场中小投资者合法权益保护工作的意见》要求精神的具体制度安排,持股行权机制逐渐由试点开展转为面向全国。2016 年 2 月,中国证监会发布了《持股行权试点方案》,赋予投服中心专项职能,在上海市、广东省(不含深圳)和湖南省先行试点持股行权机制。2017 年 4 月,中国证监会发布了《扩大持股行权试点方案》,持股行权范围扩展至全国。2018 年 1 月,中国证监会印发了《持股行权工作指引》,规定了持股行权工作的实施主体、范围、方式、程序等,进一步规范持股行权工作。

持股行权的实施和推广是坚持市场化、法治化手段治理资本市场,维护中小投资者合法权益的集中体现,对于示范引领中小投资者主动行权、依法维权,唤醒中小投资者股东权利意识,规范上市公司治理,提升上市公司质量等具有重要意义。

二、持股行权的实践探索

近年来,投服中心聚焦市场关注的热点问题,特别是上市公司分红、承诺履行、重大交易公允性等事关投资者利益的重点难点热点问题,围绕知情权、参与权、收益权和救济权等内容,综合行使查询、建议、表决、诉讼等权利,开展系列有益实践探索。

（一）聚焦现金分红事项

依据中国证监会和沪深交易所关于上市公司现金分红的相关规定,投服中心通过公开发声、参加股东大会等方式,建议 12 家上市公司修改利润分配方案,增加现金分红或提高现金分红比例,减少高送转配套大股东减持行为,其中 8 家上市公司采纳了建议。

针对部分上市公司章程未明确现金分红的优先顺序、现金分红决策程序等问题,投服中心分别于 2017 年、2018 年和 2019 年开展了 3 次专项行动,向 481 家上市公司发送股东函,提出相应的修改完善建议。目前,此类专项行动已定于每年年终实施,覆盖当年所有新增上市公司。

通过对连续多年未实施现金分红的 11 家公司进行分析,发现 5 家上市公司疑似将盈利沉淀在子公司,致使上市公司不具备现金分红条件,规避现金分红义务。投服中心集中通过网上行权的方式建议上述公司的子公司按规定向母公司分红,以满足母公司的分红条件,督促上市公司增强对投资者的现金回报。

（二）重点关注影响持股收益的事项

针对资产重组、商誉减值、违规担保等市场关注热点事项开展日常行权。一是对 188 件重组事项行权,主要围绕标的公司的盈利能力,从宏观经济、行业状况、企业的不同生命周期以及核心竞争力等方面,分析收购事项是否能给上市公司带来正向收益。以参加媒体说明会、公开发声等方式,质询标的公司估值高的合理性、高业绩预测的可实现性,建议上市公司规避"质次价高"的收购行为,提升上市公司资产质量。二是针对 5 家公司计提大额商誉减值、3 家公司"高买低卖"资产问题,质询独立董事在收购、出售资产时均认为不损害上市公司利益的判断依据以及中介机构是否勤勉尽责。三是针对违规担保、非经营性资金占用、单项大额计提应收账款坏账事项行权 52 次,督促上市公司尽快解决问题、强化内部控制。

针对上市公司承诺不履行、重组承诺期满后业绩断层等问题开展专项行权。一是针对 2015—2017 年上市公司实施的重大重组中标的公司未实现承诺业绩且未履行补偿义务的 17 件事项进行网上行权,问询补偿进展情况,督促公司采取必要的追偿措施。二是针对 2011—2017 年上市公司收购轻资产公司后发生业绩断层开展集中行权,以公开发声方式向投资者详细分析损害路径、充分警示相关风险。以网上行权和发送股东函的方式,对发生业绩断层的 56 件收购事项质询独立董事是否勤勉尽责,督促 19 家未披露承诺期后标的公司业绩的上市公司进行披露。

针对 G 公司收购 Y 公司事件公开发声

2016 年 8 月 18 日,G 公司发布《发行股份购买资产并募集配套资金暨关联交易报告书(草案)》,拟以 130 亿元的价格向 Y 公司全体 21 名股东发行股份购买其合计持有的 Y 公司 100% 股权。同时,G 公司拟向 G 集团、G 公司员工持股计划等 8 名特定投资者非公开发行股份募集配套资金 97 亿元,募集资金用于 Y 公司的建设投资项目。本次交易完成后,G 公司将进入新能源电动汽车领域,实现双主业发展。但投资者对此质疑不断,认为 Y 公司估值过高,增发稀释了中小投资者持股比例等。

2016 年 10 月 28 日,G 公司召开临时股东大会审议收购 Y 公司相关的 26 项议案。其中,《关于公司本次发行股份购买资产并募集配套资金暨关联交易符合法律、法规规定的议案》这一总体议案被否决,募集配套资金议案被否决,资产收购议案获得通过。在总体议案被否决的情况下,审议通过的资产收购议案是否有效?市场上对此存在不同的看法。除此之外,G 公司董事长在会上藐视股东权利的言论更是引起了市场和广大中小投资者的不满。

针对这一市场热点事件,投服中心于 2016 年 11 月 7 日向 G 公司发送股东质询建议函,并通过四大证券报等媒体公开发声,呼吁广大中小投资者维护自己的合法权益。质询建议函主要提出了五方面的问题,针对重组方式、管理层控制权、交易估值、PE 突击入股利益输送、标的持续盈利能力、跨界收购风险、议案的效力、中小股东的知情权、重组事项的后续工作等问题进行了尖锐的质询。投服中心以小股东的身份要求 G 公司认真回答,并公开呼吁 G 公司就此次资产收购与广大中小投资者进行更充分的沟通,提供更完整的信息,找到妥善解决方案,实现各方共赢;呼吁广大中小投资者更积极地参与公司决策,依法、审慎行使表决权,更好地维护自己的合法权益。

质询建议函发出当天,G 公司董秘主动联系投服中心,表示会积极研究、采纳建议。当晚,G 公司发布公告称,公司拟调减或取消配套募集资金,同时调整定增价格。2016 年 11 月 16 日,G 公司发布公告,终止收购 Y 公司。2016 年 11 月 18 日,G 公司回复了投服中心的股东建议函,针对质疑的内容进行了详细认真的回答。

(三)关注公司治理事项

针对日常公司治理,持续开展专项行动,督促上市公司规范"三会"运作,完善公司治理,提高上市公司质量。一是通过参加股东大会、现场查阅等方式,对上市公司董监高缺席会议、计票监票不合规、会议记录不完整等"三会"规范运作方面提出意见建议,上市公司均现场采纳并表态持续改善,行权有效率达到 100%。二是累计向 1913 家上市公司发函,建议其修订完善章程中的投资回报机制、中小投资者投票机制及取消限制股东权利等章程自治条款,其中超过 2/3 的上市公司按照投服中心建议修订完善了不符合立法精神的条款。三是针对 5 家上市公司董事长辞职长期未补选的公司行权,其中 3 家上市公司采纳建议及时改选,另外 2 家上市公司详细回复尚未推动改选的原因以及未来改选计划。针对 H 公司董事会、监事会信息披露违规以及 D 公司董事、监事集体失联等 2 项公司治理问题,成功推动公司形成新的董事会、监事会,为其公司治理重回正轨奠定基础。

联合股东成功召开 D 公司临时股东大会

2018 年 12 月 25 日,由于 D 公司原控股股东 D 集团有限公司 2.6 亿股股票质押式回购违约,被法院裁定给 X 公司用以抵偿债务,X 公司管理的资管计划成为 D 公司第一大股东,X 公司代为行使股东权利,但 X 公司及独立董事均无法联系到上市公司及其他董事,无法进行正常信息披露。D 公司"失联"情况引起市场及投资者关注。2019 年 1 月 18 日,证监局向 D 公司下发监管关注函,要求公司对其在公司治理、信息披露方面存在的问题进行整改。1 月 23 日,证监局建议投服中心联合其他股东共同行权,完善公司治理,保护投资者合法权益。

考虑到 D 公司董事会、监事会"失联"的情况,投服中心与西藏 Y 资产管理有限公司以及倪某按法定程序依次提请 D 公司董事会、监事会召开临时股东大会。在规定时限内均未收到 D 公司董事会、监事会的反馈意见,北京市 Z 律师事务所对此出具专门法律意见后,投服中心和共同行权股东(以下合称"召集人")于 2 月 26 日发出了 3 月 14 日召开临时股东大会的通知。3 月 1 日,召集人收到 X 公司关于免去和补选董事、监事的临时提案并公告。

3 月 14 日,D 公司 2019 年第一次临时股东大会如期召开,投服中心作为召集人之一出席会议。现场参会股东普遍支持本次会议的召开,关心公司未来发展,积极提问。由于公司并无监事出席,投服中心被推举为股东代表之一,与律师共同参与计票、监票,并由律师对计票、监票环节出具法律意见书表明其合法性。会议高票通过全部议案。

此次行权是投服中心首次联合其他股东行使临时股东大会召集权,取得了较好的效果。一是推动了公司治理正常化进程。临时股东大会的召开,成功组建了新的董、监事会,为 D 公司治理正常化奠定了基础。同时,也使公司 2018 年度报告审计与披露工作得以正常推进。二是充分发挥了持股行权的示范作用。本次大会的参会股东及代表人数达 213 人,为该公司上市以来参会人数较多的股东大会。投服中心此次行权,激发了广大投资者参与公司治理的热情,形成了良好的示范效果。

截至 2020 年 12 月底,投服中心共计持有 4133 家上市公司股票(包括 213 家科创板公司),共计行权 2680 场,累计行使包括建议权、质询权、表决权、查阅权、诉讼权、临时股东大会召集权在内的股东权利 3490 次。现场行权中参加股东大会 170 场,现场查阅 42 场,参加重大资产重组媒体说明会、投资者说明会及业绩说明会 90 场;非现场行权中网上行权 206 次,发送股东函件 2121 件,公开发声 51 次。行使建议权 2505 次、质询权 771 次、表决权 170 次、查阅权 42 次、诉讼权 1 次、临时股东大会召集权 1 次。

持股行权工作是在目前资本市场法治和诚信条件下,适合我国市场以散户为主的投资者结构特点,有效保护投资者特别是中小投资者合法权益的重要方式和积极探索。投服中心以普通股东身份参与上市公司治理,发挥积极股东、理性股东的角色作用,通过行使股东权利为投资者发声,提高上市公司内部治理和规范运作水平,真正把投资者合法权益的保护落到实处。投服中心持股行权的方式,可以在一定程度上弥补行政监管、交易所一线监管及行业协会自律管理等外部监管手段的不足,目前已成为监管工作的有益帮手和补充。

提起股东诉讼确认S公司章程违法

受"宝万事件"影响,上市公司纷纷在其公司章程中增加反收购条款,如提高持股比例或设置持股期限限制股东权利,增设股东的披露义务,增加公司收购特别决议,设置超级多数条款,限制董事结构调整,赋予大股东特别权利,设置"金色降落伞"计划等。该类反收购条款本身是否违反《中华人民共和国公司法》等相关法律法规,不仅困扰着相关交易的当事方,更受到行业各方的密切关注,资本市场也急需在司法层面明确该问题的合法合规性。

投服中心在对S公司展开日常行权工作的过程中,发现其《公司章程》涉嫌违反《中华人民共和国公司法》第一百零二条第二款,对持有公司3%以上股份的股东行使董事提名权增加了连续持股90天以上的时间限制。投服中心以股东身份于2017年4月通过邮件形式向S公司发送《股东质询建议函》,认为S公司《公司章程》第八十二条增加持股90日以上的条件,不合理地限制了股东对董事候选人的提名权,违反了《中华人民共和国公司法》及相关规定,建议取消此限制类条款。2017年4月24日,S公司回复投服中心,认为该条款未违反《中华人民共和国公司法》及相关规定。鉴于S公司拒不采纳投服中心的股东建议,投服中心依据《中华人民共和国公司法》第二十二条的规定,以S公司股东的名义向法院提起股东直接诉讼。

2017年6月,上海市奉贤区人民法院受理了投服中心起诉申请。案件受理后,法院依法适用普通程序,组成合议庭,于2017年

8月至12月进行调解,因调解未能达成一致意见,2018年3月公开开庭对案件进行了审理。2018年4月,法院出具判决书,完全支持了投服中心作为原告的诉讼请求。

本案是投服中心首例以上市公司股东身份提起的股东诉讼案件,其胜诉标志着违反法律强制性规定的公司章程反收购条款违法性首次得到了司法确认,为认定反收购条款的合法合规性提供了有益的经验借鉴标准,实现了证券领域反收购约束司法救济的历史性突破,填补了司法空白。投服中心发起股东诉讼,是基于上市公司股东身份发展而来,从支持诉讼中的"幕后角色"到股东诉讼的"主角",变化的不仅是案件中的不同身份,更是从"帮助受损害的中小投资者追索赔偿"向"保护中小股东合法权益,促使上市公司依法完善公司治理"的拓展,体现了证券公益机构通过各种渠道与途径,最大限度地发挥投资者服务职能。本案也是投服中心行权业务与维权诉讼业务首次结合,既丰富了行权方式,也拓展了维权诉讼的范围,通过行使法律赋予股东的合法权利,促使上市公司修改公司章程中的不合理条款,从而维护好中小投资者合法权益。

第二节　支持诉讼机制

证券支持诉讼作为便利投资者寻求损害救济的重要制度安排,经历了从实践先行到新《证券法》明确规定的过程。自2016年首次运用于具体案件中并受到市场各界广泛关注开始,支持诉讼机制在实践领域不断完善,在辅助司法机关提高证券民事纠纷审判质效方面发挥日益重要的作用。中国证监会指导投服中心等投资者保护机构作为支持诉讼主体,在开展具体工作过程中不断优化工作机制,为更好地维护中小投资者权益作出各项积极有益尝试。

一、支持诉讼机制的建立

支持诉讼制度在民事诉讼法领域由来已久。现行《中华人民共和国民事诉讼法》第十五条规定,为保护个人合法权益,可由机关、社会团体、企业事业单位支持个人提起诉讼。近年来,针对证券民事纠纷案件群体性、分散性、复杂性、专业性等特点日益显现,中小投资者进行维权存在举证难、成本高、获赔少等现实问题,《国务院办公厅关于进一步加强资本市场中小投资者合法权益保护工作的意见》明确提出要"健全适应资本市场中小投资者民事侵权赔偿特点的救济维权工作机制"。

为落实《国务院办公厅关于进一步加强资本市场中小投资者合法权益保护工作的意见》精神、积极探索中小投资者合法权益救济新机制和新途径的具体实践,中国证监会指导投服中心为投资者提供公益性诉讼支持及相关工作,支持中小投资者向证券侵权行为人索赔。新《证券法》明确规定了以投资者保护机构为主体的证券支持诉讼制度,有效填补了支持诉讼在证券领域适用的法律空白,这也是对前期投服中心开展相关实践所取得经验成果的充分认可与肯定。

二、支持诉讼的实践探索

证券支持诉讼实践始于 2016 年。作为资本市场投资者权益保护制度的重要探索与创新,由投服中心作为支持机构,选择特定案件,接受中小投资者的申请、委托,委派诉讼代理人支持权益受损的中小投资者依法诉讼维权。

(一)首单支持诉讼"破冰",案件类型不断丰富

2016 年 7 月,投服中心接受多名因 P 公司虚假陈述行为受损的投资者

委托,将该公司原实际控制人鲜某作为第一被告、其他7名负责高管以及P公司作为共同被告,向上海市一中院递交诉状,要求连带赔偿投资者经济损失合计200余万元。此次投服中心受中小投资者委托提起首例证券支持诉讼,既是积极探索中小投资者合法权益维权救济新机制和新途径的具体实践,也是全国法院系统受理的第一例证券支持诉讼,标志着我国资本市场支持诉讼制度建设开始"破冰"。2017年5月,"P公司"案胜诉,14名投资者合计获赔200余万元,标志着证券支持诉讼机制的正式落地运用。

此后,支持诉讼案件类型不断丰富,降低了受损投资者行使索赔求偿权的成本及难度,证券民事赔偿责任纠纷领域的司法审判专业性、权威性也得到进一步提升。在具体实践案例方面,"K公司"案首次聚焦造假上市行为;"A公司"案系我国资本市场第一例误导性陈述侵权索赔案件;"J集团"案追责"忽悠式"重组;"M公司"案协助基金投资者诉讼维权;"H公司"案为首单操纵市场民事赔偿支持诉讼;"M公司"案审理法院特设"支持诉讼方"席位,扩大了投资者保护机构支持诉讼的影响。

投服中心支持沃某等诉陆某、
K公司证券虚假陈述责任纠纷案

2014年10月,K公司公告收到中国证监会《行政处罚决定书》,认定违法事实:一是K公司在通过发审会审核后至股票上市前,经营业绩出现较大幅度下滑,公司未按规定报告该事项;二是在上市公告书所披露的2012年第一季度主要会计数据和财务指标中,虚增营业利润3718480.73元。行政处罚决定书责令K公司改正,给予警告,并处以60万元罚款,同时对陆某(时任上市公司董事长、总经理、第一大股东)给予警告,并处以30万元罚款。

2016年8月,投服中心接受因K公司信息披露违法违规受损的 11 名投资者申请,委派上海明伦律师事务所律师为诉讼代理人,以陆某为第一被告、K 公司为第二被告,发起了国内第二例证券支持诉讼,涉及金额 24.45 万元,上海市第一中级人民法院当天即受理立案。2017 年 3 月,上海市第一中级人民法院对本案进行宣判,最终,法院全面采纳了投服中心作为支持诉讼方关于揭露日和损失计算的方法。一审判决后,陆某及 K 公司未在上诉期内提起上诉,一审判决生效。之后,K 公司主动履行了判决,向投资者支付了赔偿款并按照判决承担了诉讼费用。

K 公司虚假陈述案是投服中心首次针对造假上市行为提起的证券支持诉讼。该案贯彻了"穿透"原则,以实际控制人作为第一被告,着重追究对造假上市负有直接责任的公司实际控制人的民事赔偿责任,是对行政监管效果的有效延伸和补充。本案对于强化民事追责机制、警示市场主体依法合规运作,具有很强的典型意义和示范作用。就法律问题而言,本案中法院对于揭露日的认定标准作出了明确具体的阐述,以警示效果作为认定揭露日的主要标准,有深刻的理论基础。对于类似案件的审理,亦有示范作用。

投服中心支持曾某等诉王某、
L 公司证券虚假陈述责任纠纷案

2016 年 7 月,中国证监会上海监管局对 L 公司未依法披露和关联自然人王某的关联交易、未依法披露重大事件签署意向协议事项作出行政处罚,出具《行政处罚决定书》。王某时任 L 公司董事长、总经理,系公司实际控制人及直接负责的主管人员。据此,上海证监局根据《中华人民共和国证券法》,对 L 公司作出责令改正、予以警告,并处以 30 万元罚款的行政处罚决定;对王某给予警告,并处以 8 万元罚款。

2017 年 3 月,投服中心通过媒体渠道公开征集,陆续收到因 L 公司虚假陈述受损的 97 名(符合条件 81 名)投资者寄送的材料,并指派上海广发律师事务所律师作为诉讼代理人,向上海市第二中级人民法院提起支持诉讼。本次支持诉讼在开庭审理后,34 名投资者与被告达成庭外和解,于 2017 年 12 月 30 日撤回起诉,并于 2018 年 1 月全部收到和解款项合计 623000.00 元。2018 年 1 月至 5 月,法院又先后判决原起诉投资者中的 41 名原告胜诉。

本案系投服中心首次通过公开征集方式发起的支持诉讼,在征集流程、材料整理、投资者沟通、损失计算、诉讼文件签署等各方面为投服中心及公益律师更好地办理支持诉讼提供了宝贵的经验。通过公开征集支持诉讼原告,拓展了支持投资者诉讼的范围,增强了保护投资者权益的针对性,是完善证券支持诉讼相关机制的有益尝试和创新之举。公开征集方式不仅惠及申请支持诉讼的投资者,还可以为广大投资者提供维权示范的作用,是投服中心在对案件进行深度预研预判后作出的勇敢尝试。

投服中心支持杨某诉 H 公司操纵市场民事损害赔偿案

2018 年 8 月,投服中心提起 H 公司操纵市场民事赔偿支持诉讼并获成都中院受理。在随后近一年半时间里,该案经历被告管辖异议、对管辖裁定上诉、追加被告、公告送达、被告人申请二次开庭等多项程序。

2019 年 7 月和 11 月,案件两次开庭审理,原被告双方就三大焦点问题展开激烈辩论:一是被告是否存在操纵证券市场行为;二是原告投资被操纵的证券是否遭受损失;三是被告操纵市场的行为和原告的投资损失之间是否存在因果关系。

2019 年 12 月 27 日,成都中院对本案一审公开宣判,投服中心支持的原告杨某诉请获得胜诉支持。成都中院审理认定,被告借市值管理之名行操纵市场之实,在 2013 年 5 月 9 日到 7 月 4 日之间实施了操纵 H 公司股价的违法行为;原告在被告操纵市场行为期间买入 H 公司股票并在操纵结束后卖出而产生亏损,根据市场欺诈理论,其损失与被告操纵市场行为之间显然具有因果关系,原告无须为此举证。该判决首次认定操纵行为人对原告承担赔偿责任,填补了操纵市场民事赔偿领域的司法空白。

本案是 1999 年《中华人民共和国证券法》颁布以来,全国操纵市场民事损害赔偿案件中第一单原告获胜的判决,投服中心在该案审理过程中通过支持诉讼,助力原告投资者最终胜诉。该案判决在新《证券法》即将生效之际作出,有力呼应了强化投资者保护的立法精神。本案在操纵市场民事审判领域迈出了历史性步伐,但赔偿金额与投资者杨某起诉请求相差甚远,在如何区分操纵市场和虚假陈述二者行为特征、违法目的、侵害后果、损失计算逻辑、市场影响以及行政处罚各违法行为人的民事责任分配等方面,还亟须在今后的操纵市场民事审判实践中不断加以探索完善。

(二)持续完善工作机制,充分发挥引领示范作用

作为支持诉讼的具体开展主体,投服中心在工作过程中不断总结经验,将庭外支持与庭审支持相结合,持续完善各项工作机制:一是依靠独立开发的具有完全自主知识产权的证券虚假陈述民事赔偿损失计算软件对投资者损失金额进行大批量数据计算,制定对投资者最为有利的索赔方案;二是建立高效的投资者筛选机制,针对可诉的典型案例,在行政处罚公告后的第一时间提起支持诉讼;三是组建并逐渐形成专业完善的公益律师团队,覆盖全国 36 个监管辖区,树立了证券公益性诉讼的良好口碑,共同营造良好的维权生态。

截至 2020 年 12 月底,投服中心共提起 34 起支持诉讼案件(其中已受理 24 起,待受理 10 起),获赔总人数 618 人,总金额 5586 余万元。

第三节　先行赔付机制

作为证券期货领域一项重要的替代性纠纷解决机制,先行赔付制度已在新《证券法》层面获得了明确的制度依据。实践中三次成功的先行赔付经验充分证明,该种方式兼顾市场化和法治化特点,是一种可复制、可推广的模式。投保基金公司作为专门的投资者保护机构,在案件中作为基金管理人,向社会彰显权威、公正、高效的角色定位,对于推动构建完善资本市场投资者损失赔偿制度、保护投资者合法权益等方面具有积极意义。

一、先行赔付机制的建立

证券市场先行赔付最早见于中国证监会《公开发行证券的公司信息披露内容与格式准则第 1 号——招股说明书》,该文件第十八条明确规定了招股说明书扉页应载有"保荐人承诺因其为发行人首次公开发行股票制作、出具的文件有虚假记载、误导性陈述或者重大遗漏,给投资者造成损失的,将先行赔偿投资者损失"的声明及承诺。

新《证券法》第九十三条在法律层面上对先行赔付制度的适用情形、赔付主体、受托人等都作出明确规定,为充分发挥其制度功能奠定了坚实基础。根据新《证券法》,先行赔付是发行人因欺诈发行、虚假陈述或者其他重大违法行为给投资者造成损失的,其控股股东、实际控制人、相关的证券公司先于司法裁判,委托投资者保护机构,就赔偿事宜与受到损失的投资者达成协议,对投资者损失进行赔偿,事后再向其他责任主体进行追偿的机制。

二、先行赔付的实践探索

在新《证券法》实施前,我国资本市场针对欺诈发行的违法行为已有三次先行赔付的成功实践案例,分别是万福生科案(2013 年)、海联讯案(2014 年)和欣泰电气案(2017 年)。万福生科案是我国资本市场首个保荐机构主动出资先行赔付投资者损失的案例,其投资者赔付工作具有创新性、示范性与里程碑意义。海联讯案专项补偿基金的出资人为发行人的主要控股股东,这是我国资本市场上由大股东主动出资运用市场机制补偿投资者的首例。欣泰电气案是中国证监会 2014 年 11 月出台退市新政后因欺诈发行强制退市第一股,该案也是中国证监会正式推出"保荐机构先行赔付制度"后首个保荐机构出资设立基金先行赔付投资者的案例。上述 3 个案例有效达成和解获得赔付的投资者 34306 人,占适格投资者总人数的 95%以上,共计支付补偿金 509374055 元,占应赔付总金额比例的 99%以上。

在投资者补偿金划付方面,深交所和中国证券登记结算有限责任公司(简称"中国结算")创造性地借用网络投票系统和结算业务系统,实现投资者获取赔付全程电子化和自动化,协助投保基金公司顺利完成上述 3 起案件的投资者权益补偿工作。

万福生科案:试水先行赔付　探索投资者保护新模式

2012 年 9 月 14 日,创业板首家欺诈发行股票的上市公司万福生科被中国证监会立案稽查。2013 年 9 月 24 日,经查实,中国证监会公布了对万福生科造假案作出的《行政处罚决定书》,认定万福生科存在虚增销售收入及营业利润等多项违法行为,并依法对万福生科、相关中介机构及有关责任人员给予警告、罚款、没收业务收入、暂停保荐业务许可、撤销证券从业资格等行政处罚,个别行为人还被采取终身证券市场禁入措施。因欺诈发行及虚假记载行为涉嫌犯罪,被移送公安机关追究刑事责任。

2013年5月10日,为先行偿付符合条件的投资者因万福生科虚假陈述事件而遭受的投资损失,平安证券有限责任公司作为万福生科首次公开发行并上市的保荐机构及主承销商,出资3亿元人民币设立"万福生科虚假陈述事件投资者利益补偿专项基金",委托投保基金公司担任基金管理人,设立网上和网下两种方案与适格投资者实现和解。专项补偿基金采取了"先偿后追"的模式,由平安证券先以基金偿付符合条件的投资者,然后通过法律途径向万福生科虚假陈述的主要责任方及连带责任方追偿。若投资者不接受基金的补偿方案,可依法向有管辖权的人民法院提起诉讼,要求万福生科虚假陈述相关责任方予以赔偿。

专项补偿基金属于平安证券,投保基金公司与平安证券的法律关系为委托代理关系,负责基金的日常管理及运作。投保基金公司成立了专门的基金补偿工作组负责具体的投资者补偿执行工作,并独立指定商业银行作为基金托管人,聘请专家组成专家委员会进行顾问咨询,聘请中介机构参与日常工作。基金的存续期间为成立之日起2个月,投保基金公司可以根据基金运作的实际情况延长基金存续期间,最迟不超过2013年12月31日。基金存续期间届满将由投保基金公司组织清算,剩余财产返还平安证券。截至2013年6月28日,同时完成网签及有效申报、与平安证券达成有效和解的适格投资者人数为12756人,占适格投资者总人数的95.01%,对适格投资者支付的补偿金额为178565084元,占应补偿总金额的 99.56%。7 月 3 日,补偿资金已全部划付至适格投资者账户。

万福生科投资者利益补偿工作是国内资本市场首个证券中介机构主动出资先行赔付投资者损失的案例。专项补偿基金设立本身具有促进投资者合法权益保护的积极意义,其意义不仅在于责任主体主动承担赔偿责任,更是证券市场对于投资者权益保护模式的一次机制创设性探索:一是探索了设立基金主动补偿投资者的新机制。在责任主体设立投资者专项补偿基金时,由投保基金公司以公益性和中立性原则为前提作为基金管理人,开展专项补偿基金日常管理及运作,勤勉尽责履行管理人职责,确保了专项补偿基金财产安全、完整及专款专用。二是投资者可借此增强维权意识,主动维权,积极行权。虚假陈述责任主体能够主动承担法律责任,赔偿给投资者造成的损害,对证券市场而言是积极有益的。万福生科专项补偿基金案例给了投资者一个启示,在遇到侵权行为后不但可以向上市公司索赔,也可以向有连带责任的中介机构索赔,从而有效给予投资者维权的动力及信心。

海联讯案:大股东主动赔偿　投资者权益获得保护

2013 年 3 月 22 日,海联讯因涉嫌违反证券法律法规而被中国证监会立案调查。经查实,海联讯的 IPO 申请文件和上市后披露的定期报告的相关财务数据均存在虚假记载。中国证监会依法对海联讯、相关中介机构及有关责任人员给予相应行政处罚。2014 年 7 月 18 日,为维护因海联讯虚假陈述而受到投资损失的适格投资者利益,海联讯 4 名控股股东出资 2 亿元设立"海联讯虚假陈述事件投资者利益补偿专项基金",用于补偿公众投资者因海联讯虚假陈述所遭受的损失。投保基金公司接受基金出资人委托,担任专项补偿基金的管理人,负责专项补偿基金的管理及运作。截至 2014 年 9 月 10 日,完成有效申报、与海联讯 4 名股东达成有效和解的适格投资者人数达 9823 人,占适格投资者总人数的 95.7%,对适格投资者支付的补偿金额达 88827698 元,占应补偿总金额的 98.81%。

海联讯专项补偿基金运作贯彻了"充分补偿"和"便捷操作"两大基本要求,与此同时,基金还根据实际情况进行了流程优化和机制创新,更具可复制性和机制化,也更便于投资者参与。与万福生科案由保荐机构平安证券出资不同,海联讯专项补偿基金的出资人为发行人主要控股股东,更进一步地体现了《国务院办公厅关于进一步加强资本市场中小投资者合法权益保护工作的意见》所提倡的"责任自负"原则:一是违法责任主体改正错误、主动赔偿是责任自负的应有之义。虚假陈述事件违法责任主体主动出资设立专项补偿基金,赔付投资者因上市公司虚假陈述而遭受的损失,是一种积极改正错误、主动承担责任的行为,客观上也能起到减轻违法行为危害后果的作用。二是建立投资者补偿长效机制需相关各方共同努力。专项补偿基金之所以能够在短期内达到 95% 以上的偿付比例,可以说,高效的多方协调机制是推进补偿工作顺利完成的重要保障。为使投资者利益补偿专项基金的运作模式形成长效工作机制,需要相关各方的共同努力与推动。

欣泰电气案:保荐机构设立专项基金 先行赔付投资者损失

2016 年 5 月,创业板上市公司丹东欣泰电气股份有限公司由于 IPO 申请文件中相关财务数据存在虚假记载、上市后披露的定期报告中存在虚假记载和重大遗漏，收到中国证监会《行政处罚和市场禁入事先告知书》。2017 年 8 月，欣泰电气正式摘牌退市，成为创业板第一家退市的公司，也是我国资本市场第一家因欺诈发行而退市的公司。众多投资者因欣泰电气公司退市出现损失，如不能依法获得赔偿将引发涉众纠纷，出现大量索赔诉讼和投诉，影响退市工作顺利进行和资本市场稳定。

为了化解欺诈发行责任人与投资者的群体性纠纷，作为欣泰电气公司上市保荐机构的兴业证券股份有限公司，决定出资设立规模为 5.5 亿元人民币的"欣泰电气欺诈发行先行赔付专项基金"，用于赔付适格投资者遭受的投资损失。中证协与投保基金公司、深交所、中国结算、兴业证券共同组成欣泰电气投资者先行赔付工作协调小组，推进先行赔付方案的制定完善和各项工作的实施。兴业证券先后组织多场专家论证会、投资者座谈会，广泛听取投资者、监管部门、协调小组成员单位、法律专家和金融工程专家意见，并征求了最高人民法院的指导意见，对先行赔付方案进行了全面论证。

从 2017 年 6 月开始，经过两个阶段的赔付申报过程，至 2017 年 10 月完成第二次赔付申报的资金划转，接受赔付并与兴业证券达成有效和解的适格投资者共计 11727 人，占适格投资者总人数的 95.16%；实际赔付金额为 241981273 元，占应赔付总金额的 99.46%。本案先行赔付方案也得到了法院的认可，福建省高级人民法院、辽宁省高级人民法院、福州市中级人民法院、沈阳市中级人民法院等在审理兴业证券因欣泰电气欺诈发行涉及索赔案件时，法律适用与先行赔付方案保持一致。

　　欣泰电气投资者先行赔付是我国资本市场因上市公司欺诈发行退市,保荐机构先行赔付投资者损失的首次尝试,对推进证券期货纠纷多元化解机制试点工作有重要意义。在法院系统和监管部门的支持下,在先行赔付工作协调小组成员单位和证券公司的共同努力下,先行赔付工作进展顺利,通过主动和解的方式化解了经营机构及发行主体与众多投资者之间的矛盾纠纷,促进了欣泰电气的平稳退市,促使相关责任主体吸取教训,规范经营管理,提升合规意识和风控水平,未因第一单上市公司欺诈发行退市引发社会矛盾,有效维护了资本市场和社会的和谐稳定。

第四节　纠纷调解机制

　　证券期货纠纷多元化解是服务投资者、保护投资者的重要内容。妥善处理投资者与市场主体之间的纠纷,切实保护投资者合法权益,是资本市场监管人民性的重要体现。为应对资本市场快速发展、证券期货纠纷日益复杂化的趋势,中国证监会认真落实《国务院办公厅关于进一步加强资本市场中小投资者合法权益保护工作的意见》的部署要求,会同最高人民法院建设调解、仲裁、诉讼等有机衔接、协调联动、高效便民、成本低廉的证券期货纠纷多元化解机制,取得良好成效。

一、证券期货纠纷多元化解制度体系的建立

　　2016 年,《关于在全国部分地区开展证券期货纠纷多元化解机制试点工作的通知》印发,最高人民法院和中国证监会联合开展建立健全证券期货纠纷多元化解机制试点工作。

　　2018 年,《关于全面推进证券期货纠纷多元化解机制建设的意见》印

发,证券期货纠纷多元化解机制建设也由试点转为全面推进。自此,证券监管部门和人民法院系统间的协作不断得到巩固深化,调解协议司法确认、委派/委托调解、"示范判决+专业调解"、在线调解、小额速调、无争议事实记载、调解前置程序等一整套诉调对接工作机制得以正式建立。新《证券法》专门规定了投资者保护机构的调解职责和证券公司配合调解的义务。

2020年6月,为落实新《证券法》《关于全面推进证券期货纠纷多元化解机制建设的意见》要求,中国证监会印发《证券期货纠纷调解工作指引》,细化规定了调解组织和调解员应具备的基本条件、调解工作程序和要求、监管部门职责等内容。中证协、中期协、中基协等行业协会也不断建立健全调解规范,优化纠纷调解工作流程。各证监局组织辖区内调解组织健全工作制度,与有关法院建立诉调对接工作协作机制,证券期货纠纷多元化解制度体系进一步完善。

为贯彻落实党中央重大决策部署,切实发挥证券监管部门在解决证券期货纠纷中的指导协调作用,以及人民法院在多元化纠纷解决机制改革中的引领、推动、保障作用,降低投资者解纷成本,全面提升证券期货纠纷多元化解质效,2021年8月4日,最高人民法院办公厅与中国证监会办公厅联合印发《关于建立"总对总"证券期货纠纷在线诉调对接机制的通知》。最高人民法院与中国证监会将共同推动"总对总"在线诉调对接机制全面落地,通过"法院+证券监管部门",多元化解证券期货纠纷,助力建设规范、透明、开放、有活力、有韧性的资本市场,维护投资者合法权益。

二、证券期货纠纷调解机制的实践探索

(一)坚持公益定位,构建证券期货调解组织网络

目前,全国共有证券期货调解组织36家,包括投资者保护专门机构、证

券期货行业协会、交易所等系统单位调解组织,以及地方行业协会、事业单位、人民调解委员会、非法人组织等地方调解组织。调解范围涵盖了上市公司、证券、期货、基金等资本市场业务领域,服务区域覆盖境内所有省(自治区、直辖市),部分调解组织还建设了在线纠纷解决平台,投资者只要有需求,就能获得专业便捷、没有地域和业务限制的纠纷化解服务。各调解组织坚持对中小投资者免费调解,减少投资者的资金成本,让广大投资者拥有实实在在的获得感。

自 2016 年开展试点工作以来,截至目前,各调解组织共受理调解案件 2.76 万余起,成功调解案件 1.93 万余起,成功调解纠纷涉及金额约 108 亿元,为广大投资者提供了切实的权益保护。

为进一步妥善化解跨市场、跨区域、涉众型的证券期货纠纷,2020 年 5 月 15 日,中国证监会批准设立的全国性证券期货专业调解组织——法律服务中心正式揭牌,全面承接此前投服中心开展的调解工作。目前,法律服务中心已与全国 51 家人民法院建立诉调对接机制,在 35 个辖区设立调解工作站,与 38 家证监局、系统单位签订合作协议。至 2020 年 12 月底,投服中心(法律服务中心)共登记纠纷 17333 件,受理 12418 件,成功 9038 件,争议金额为 81.01 亿元,投资者获赔金额 26.96 亿元。累计接受 16 家法院 25 起虚假陈述案件的损失核算委托,涉及 1.16 万名投资者,累计核定损失金额超 20 亿元。

(二)用好科技手段,及时便捷化解证券期货纠纷

大数据时代,证券期货纠纷解决需顺应时代变化,中国证监会从实际出发,探索"互联网+纠纷化解"模式,充分运用网上平台的功能,推进矛盾纠纷在线解决。2018 年,"中国投资者网"(www.investor.org.cn)开通运行之初,即开始建设纠纷在线解决平台,实现在线申请、在线调解,投资者足不出户就能接受服务,让"数据多跑路,投资者少跑腿"。中国证监会持续优化

"中国投资者网"平台功能,实现各调解组织均能通过平台进行在线调解,形成调解案件在线受理、传输、调解、管理及在线司法确认等全流程功能链条,为投资者提供一体化在线纠纷解决服务。

2021年11月,中国投资者网在线调解平台完成优化升级,通过与"人民法院调解平台"对接方式,实现与各级人民法院的诉调对接,标志着证券期货纠纷在线诉调对接系统全面开通。36家调解组织全部入驻在线调解平台,湖南证券业协会通过在线调解平台成功接收了长沙市中级人民法院委派的诉前调解证券虚假陈述案件45件,迎来了系统优化升级后的第一单,运转顺畅。

三、创新纠纷化解机制,提高涉众纠纷调解效率

(一)小额速调机制

2016年1月,中国证监会指导投服中心借鉴德国经验,推出证券期货纠纷小额速调机制。经营机构自愿与调解组织签订协议,约定对于争议金额在1万元以下的纠纷,调解组织可以作出调解建议。如果投资者接受该建议,经营机构须自觉履行;如果投资者不同意,则调解建议对争议双方均无约束力,投资者可寻求其他救济途径。目前,小额速调机制已覆盖全国36个辖区,签约经营机构总数210余家。

投服中心首例成功运用小额速调机制化解纠纷案件

2014年3月,投资者购买了某证券公司资管产品,公司在宣传该产品时明确表示"不直接投资二级市场"。同年5月,沪深交易所出台交易新规,管理人需增大二级市场投资。2015年8月,投资者又追加了投资。同年11月,该基金净值亏损,投资者以证券公司在其不知情的情况下自行决定增大二级市场投资,违背承

诺为由,要求证券公司赔偿其损失。证券公司认为,其投资二级市场是因交易新规所致,投资者后来已知晓该情况仍追加投资,因此在计算损失时应将其获利金额合并计算;但投资者认为,其投资收益是合理获利,在计算自身损失数额时应予剔除。纠纷久拖未决,投资者遂向投服中心申请启动调解程序。

在北京证监局指导协调下,投服中心调解员对双方争议点进行了系统的法律分析。最终,调解员提出将投资者的总损失金额扣除投资收益,再乘以70%的过错责任比例,即为证券公司赔偿金额的调解方案。投资者表示认可该方案,因北京辖区经营机构均签署了适用小额速调机制的合作备忘录,该方案自动对证券公司发生效力,双方签署调解协议并现场履行。

本案是证券期货市场首例适用小额速调机制的调解案例。实践中,许多金额不大、案情简单的调解纠纷久拖未决,既占用调解资源,又耗费双方时间精力。基于此,投服中心借鉴国际经验,创新实行了倾斜保护中小投资者的小额速调机制,即针对诉求金额较少的证券期货纠纷,市场机构通过自律承诺、自愿加入、签署合作协议等方式,作出配合调解工作的承诺。小额速调机制为纠纷解决和投资者快速获得赔偿提供了新的路径,提高了调解效率,对行政救济、司法救济等投资者维权途径起到有益补充作用,实践中已有多起成功案例。

(二)"示范判决+专业调解"制度

针对证券市场同类案件存在的多方起诉、重复审理的问题,中国证监会深入贯彻落实《关于在全国部分地区开展证券期货纠纷多元化解机制试点工作的通知》《关于全面推进证券期货纠纷多元化解机制建设的意见》要求,指导相关调解组织建立"类似案件类似处理"的"示范判决+专业调解"

机制。截至 2020 年 11 月,上海金融法院、深圳市中级人民法院、厦门市中级人民法院相继出台了具体落实规定。投保基金公司、投服中心、浙江证券业协会等调解组织,在相关证监局和人民法院的支持指导下,开展了"示范判决+专业调解"实践,共涉及 2000 余名投资者、8 家上市公司,为投资者挽回损失约 1.37 亿元。投保基金公司探索开展的"示范判决+委托调解+共管账户"模式已成为法院体系确认的专门调解机制。目前,已累计为投资者挽回损失超过 1.5 亿元。

投保基金公司开展
"示范判决+委托调解+共管账户"调解

为解决"示范判决+专业调解"案件中,责任主体多元化、示范判决未裁决各方责任份额导致的各责任主体对外责任分担的难题,投保基金公司在 J 公司案等调解案件中,创新形成"各责任方达成内部分责协议+投资者保护机构设立共管账户"模式,即由其会同上市公司开立赔偿专用共管账户,由上市公司提前将赔偿款项划付至共管账户,对于保障赔付款项高效顺利支付、安抚投资者情绪等发挥了重要作用。在 J 公司案中,投保基金公司又探索与上市公司共同设立"共管赔偿账户"模式,增强调解的吸引力和可执行性,共促成 316 户投资者与上市公司达成调解,涉案金额突破 1 亿元。

2019 年,"示范判决+委托调解+共管账户"调解模式被北京高院和上海金融法院分别写入《关于依法公正高效处理群体性证券纠纷的意见(试行)》和《上海金融法院关于服务保障设立科创板并试点注册制改革的实施意见》,被确认为具有示范性的调解机制。

（三）诉调对接机制全面覆盖

调解组织主持达成的调解协议具有民事合同性质，当事人可申请有管辖权的人民法院确认其效力，对拒绝履行具有明确给付主体和给付内容的调解协议的，当事人可申请法院强制执行。按照《关于全面推进证券期货纠纷多元化解机制建设的意见》要求，人民法院充分发挥引导作用，采取立案前委派、立案后委托、诉中邀请等方式，推动当事人通过多元化解机制解决纠纷，形成司法审判和证券期货监管相互支持、顺畅合作的有利局面。目前，各地证监局、调解组织已和65家人民法院（含高级人民法院26家、中级人民法院30家、基层人民法院9家）签署合作协议、合作备忘录、联合意见等87件。例如，浙江建立证券期货巡回法庭，内蒙古、湖北等地法院设立证券期货调解室。

中证协、中期协、中基协及郑商所建立诉调对接机制

2016年7月，中证协被最高人民法院与中国证监会联合确定为纠纷多元化解工作试点调解组织，与全国31个地区人民法院联合开展试点调解工作，2017年正式入驻金融街人民法庭金融纠纷行业调解室，2019年对两起调解成功案件，向西城区金融街法庭申请对调解协议进行司法确认，有效保障调解协议的法律效力，促进诉调对接工作衔接。中期协作为《关于在全国部分地区开展证券期货纠纷多元化解机制试点工作的通知》中确定的首批8家调解组织之一，成功调解了通知下发后金融行业的首起诉调对接案件。2018年起先后与上海市高院、北京市高院和浙江省高院签订诉调对接协议，共同探索诉源治理，为投资者纾困解难。中基协与北京融商一带一路法律与商事服务中心、北京市一中院共同签署了"基金纠纷诉调对接多元化解合作协议"，不断拓展合作对象并

探索新的合作模式。郑商所与郑州市中级人民法院联合印发《关于建立期货纠纷诉调对接工作机制的实施意见(试行)》,建立、健全协调联动、高效便民的期货纠纷诉调对接工作机制,在充分尊重投资者的程序选择权的基础上,使投资者诉求表达和权利救济的渠道更为畅通,提高了期货纠纷化解效率,依法保护投资者的合法权益。

(四)仲调对接机制发展快速

当事人经调解达成协议并约定仲裁条款的,可通过申请仲裁,使协议内容具有可强制执行法律效力。深圳国际仲裁院依托"专业调解+仲裁(诉讼)+行业自律+行政监管"四位一体机制,根据双方当事人申请,依照和解协议内容快速作出仲裁裁决,在短时间内解决了长达4年的上市公司控制权争夺纠纷。深圳证券期货业纠纷调解中心成立以来的调解成功案件中,有413宗申请了仲裁确认,涉及金额30.24亿元,占调成案件数量的69.2%,占和解金额的97.6%。广东、湖北、广西等地调解组织也与当地仲裁委员会签署仲调对接备忘录、合作协议等,建立了仲调对接机制。

中基协调解案例及成效

2020年4月,投资人解某投诉深圳市某私募机构,反映该私募机构未按时兑付基金收益及返还本金的问题,涉及金额110万元。在办理投诉的过程中,通过中基协的介入沟通,双方同意进行调解。在案件处理过程中,中基协根据多元化纠纷解决机制安排,将此调解事项移交"仲调对接"合作机构杭州仲裁委员会。经过中基协和杭州仲裁委的共同沟通和调解,双方于7月达成和解协议,此纠纷事项得以调解成功。本案体现了中基协在处理个人投资者投诉案件的思路,充分尊重投资者意愿,并通过"仲调对接"

等多元纠纷化解机制促进双方沟通和解,从而有效化解风险。此外,本案的处理也体现了多元化解纠纷机制的建立和纠纷解决路径的不断完善,进一步引导了行业争议纠纷多元化解,降低了当事人纠纷解决成本。

2015年以来,中基协不断完善多元纠纷解决机制,为当事人提供专业、便捷、高效的调解服务,先后与投服中心签署了战略合作备忘录,与北京仲裁委、杭州仲裁委等多家仲裁机构签署了"仲调对接"战略合作协议,与北京基金小镇合作成立了全国首家基金行业人民调解委员会。2020年3月,中基协对投诉信访处理工作进行流程再造,通过制定投诉处理工作流程图,推动在线投诉信息系统改造升级,组织制定投资处理工作操作手册,规范日常沟通话术以及确定不同投诉情形下答复口径,进一步优化投诉纠纷解决。

2020年,中基协通过组织调解或者移交第三方专业机构进行调解、促成当事人自行和解等方式处理投诉纠纷共72件,涉及投资金额共7.17亿元。其中,最终成功了结投诉事项共48件,帮助投资者挽回直接经济损失0.95亿元;移交第三方调解或当事人自行和解24件,涉及投资金额6.23亿元。作为证券期货行业首批8家试点调解组织之一,中基协根据《中华人民共和国基金法》规定,打通法律诉讼与调解、仲裁之间的中间环节,切实履行多元纠纷化解职责,维护投资者权益,按照自愿、合法原则,引导和鼓励当事人通过和解、调解等非诉讼方式解决纠纷,拓宽多元纠纷解决渠道,降低投资者维权成本。

(五)证调对接机制成效显现

充分发挥公证方式不受地域管辖限制、办理周期较短、费用较低等优势,对证券期货纠纷调解协议进行确认。例如,内蒙古地区调解机构通过资金提存公证手段,促成投资者与证券公司理财产品业务纠纷顺利化解。

四、为资本市场提供专业高效的损失核定服务

为解决司法实践长期以来存在的证券期货投资者损失认定难问题,投保基金公司、投服中心发挥投资者保护机构专业优势,接受多家法院委托,为审理上市公司虚假陈述案件提供投资者损失计算等技术支持。损失核定业务,是指投资者保护机构以独立第三方专业机构身份,接受法院等主体委托,利用专业知识、专业损失计算系统,核定证券投资者损失,出具损失核定意见的司法辅助行为。这项服务立足公益性定位,坚持"独立、专业、公正、高效"的原则,致力于以"法律+技术"的融合,高效解决司法实践中证券投资者损失计算效率低、损失认定难的痛点,在提高司法效率、促进司法统一、降低投资者维权成本、优化营商环境等方面发挥了重要作用。

(一)投保基金公司

投保基金公司依托成熟的损失计算系统,充分发挥自身的技术优势、数据优势和实践优势,高效支持辅助证券监管和司法审判。建设了全线上、网络化、自动化处理的证券纠纷损失计算系统,从个案损失测算和整体性匡算两个方面,先后为济南中院、北京一中院、广州中院等法院的案件审理提供专业支持,为投资者保护提供专业高效的技术支撑。

2018年,在"山东墨龙"案中,投保基金公司接受济南中院委托,短时间内为济南中院对"揭露日的认定""投资者差额损失"等提供多样化的测算和对比分析,向法院出具100余份咨询意见和投资者损失计算报告,为此类案件引入第三方专业机构测算提供了有益借鉴。2019年年底,投保基金公司受广州中院的委托进行损失计算,仅用一天的时间即为广州中院110起案件提供了损失计算结果,且无一差错,计算效率和准确度获得了广州中院

的高度肯定和认可。2020 年,公司为 2663 起证券虚假陈述案件进行损失计算,涉及金额近 12.5 亿元,为司法审判和证券监管提供了决策依据,为投资者保护工作提供了重要的技术支持。截至目前,公司共计为 3609 起案件进行了损失计算,涉及金额近 14 亿元。

(二)投服中心

投服中心研发了一套证券虚假陈述民事赔偿损失计算软件,于 2019 年 3 月正式投入运行。该软件以《最高人民法院关于审理证券市场因虚假陈述引发的民事赔偿案件的若干规定》为依据,具备投资差额损失计算、证券市场系统风险扣除等核心功能。此外,损失计算软件还具备批量导入证券交易数据、自动前复权、批量计算损失、批量导出损失计算结果数据等功能。

新《证券法》颁布后,为满足证券集体诉讼案件超大规模受损投资者的损失核算需求,投服中心加紧启动了损失计算软件升级开发工作,升级后的系统可直接批量导入中国结算、交易所提供的符合特定规范格式的投资者交易数据,日计算能力达数万人,极大地满足了投资者保护工作需求。2020 年 12 月,损失计算软件项目先后荣获 2019 年度上海金融创新奖提名奖、"奋斗杯"上海市青年金融业务创新大赛(综合赛区)二等奖。

两年来,投服中心依托损失计算软件等有效工具,探索、推广、形成了具有中心特色的损失核定业务,树立了资本市场损失核定领域专业品牌。截至 2020 年 12 月底,累计接受 16 家法院 23 起虚假陈述案件的损失核算委托,委托人数 10893 人,完成核算 11334 人次,累计核定损失金额 18.57 亿元。

第五节　证券纠纷特别代表人诉讼制度

证券纠纷特别代表人诉讼是本次新《证券法》增设投资者保护专章中

的一项重要制度创新,对于防范化解金融风险,促进我国资本市场改革发展具有重要意义与深远影响。中国证监会大力支持投资者保护机构依法以代表人身份参加诉讼,积极推进代表人诉讼制度落地。

一、证券纠纷特别代表人诉讼制度的建立

2020 年 3 月 1 日正式实施的新《证券法》以及 2020 年 7 月 1 日颁布的《最高人民法院关于证券纠纷代表人诉讼若干问题的规定》明确规定了证券纠纷特别代表人诉讼制度。该项制度规定,人民法院启动普通代表人诉讼,发布权利登记公告,投资者保护机构在公告期间受 50 名以上投资者的特别授权,可以依法作为代表人参加证券民事赔偿诉讼。其核心内容为:一是在代表人资格方面,将原告资格直接赋予旨在保护投资者权益的公益组织,确定了投资者保护机构可以依据法律规定基于投资者的授权委托取得代表人的法律地位。二是在投资者授权方面,投资者保护机构必须在获得 50 名以上的投资者特别授权后,才可以启动投资者保护机构代表人诉讼程序。三是在参加诉讼的方式方面,突破了民事诉讼法规定的"明示加入"原则,规定了投资者保护机构代为登记权利,投资者"默示加入、明示退出"的诉讼参加方式。

我国证券纠纷特别代表人诉讼制度不同于其他国家的证券集团诉讼制度,其区别主要体现在四个方面。

一是担任代表人的主体不同。在证券集团诉讼中,由于担任代表人可以获得奖励性赔偿金,容易滋生"职业代表人"挤占其他投资者赔偿金额的问题。而我国证券代表人诉讼则是由投资者保护机构这类公益性组织作为代表人参加诉讼,除为开展特别代表人诉讼的必要支出外,不收取其他费用,诉讼费用比较低,也不会产生代表人挤占投资者赔偿金的问题。

二是制度的运行机制不同。证券集团诉讼制度的运行,主要依赖于律

师的推动,是一种市场化激励的运作模式,容易因激励过度产生滥诉问题。而我国证券纠纷代表人诉讼是由投资者保护机构主导,遵循公益化的运行方式,依赖于公益组织的参与和推动,不会产生滥诉问题。

三是注重诉讼程序的可防可控。通过"默示加入、明示退出"机制,扩大了投资者的保护范围,加大了保护力度;明确法院对是否适用代表人诉讼程序等享有裁决权,充分保障投资者的表决权、知情权、异议权、复议权、退出权和上诉权等。

四是为降低投资者维权成本作出特殊的制度安排。规定了原告不需要预交案件受理费、申请财产保全免于提供担保等,减轻投资者保护机构参与特别代表人诉讼的经济压力,调动投资者诉讼维权的积极性,提升当事人诉讼动力。

二、资本市场实施证券纠纷特别代表人诉讼的重要意义

证券纠纷代表人诉讼制度,是加强资本市场基础制度建设的重要成果,也是我国民事诉讼制度的重要创新,在资本市场实施证券纠纷代表人诉讼,是深入贯彻落实党中央和国务院关于对资本市场违法犯罪行为"零容忍"的精神和要求的重要举措,也是保护投资者特别是中小投资者合法权益、保障资本市场全面深化改革的有力武器,对于维护市场"三公"秩序、促进资本市场高质量发展具有重要意义。

一是有利于通过司法制度创新带动金融市场生态改善和社会治理效能提升。欺诈发行、财务造假等资本市场"毒瘤",不仅严重损害广大投资者的合法权益,造成恶劣的社会影响,而且严重影响市场秩序和金融安全,甚至可能诱发社会不稳定因素。开展"默示加入、明示退出"的证券纠纷特别代表人诉讼,能够大幅提高违法违规成本,有效遏制和减少资本市场违法犯罪行为的发生,营造良好的金融市场生态,服务实体经济高质量发展。同

时,通过一揽子解决违法行为的民事赔偿,能够高效、妥善化解群体性、涉众型纠纷,大大提升社会综合治理效能。

二是有利于推进资本市场改革全面深化。注册制改革是这一轮全面深化资本市场改革的"牛鼻子"工程。发行端准入方式的市场化改革能否顺利,在很大程度上取决于后端的监管执法是否有效。投保机构代表人诉讼有利于弥补证券民事赔偿救济乏力的基础制度短板,与行政、刑事责任追究机制形成立体化的制度合力,共同为全面深化资本市场改革特别是注册制改革提供强有力的司法保障。

三是有利于受损的中小投资者得到公平、高效的赔偿。我国证券市场以中小投资者为主,当其受到证券违法行为侵害时,由于非常分散、自身索赔金额较小等原因,许多中小投资者往往会放弃权利救济,不想诉、不愿诉、不能诉现象突出。由投资者保护机构参与的证券纠纷代表人诉讼,通过代表人机制、专业力量的支持以及诉讼费用减免等制度,能够大幅降低投资者的维权成本和诉讼风险,有利于解决受害者众多分散情况下的起诉难、维权贵的问题。

四是有利于上市公司、中介机构提高内部治理水平和规范市场运作,打造规范、透明、开放、有活力、有韧性的资本市场。投保机构代表人诉讼主要适用于证券市场虚假陈述、内幕交易、操纵市场等案件,可以有效督促上市公司及其高管守法经营、依法披露,提高经营透明度,培育良好的公司治理文化,不断提高上市公司质量,同时督促中介机构充分发挥"看门人"作用,共同提升资本市场诚信水平。

三、证券纠纷特别代表人诉讼的实践探索

为稳妥推进证券纠纷特别代表人诉讼,中国证监会从制度制定、技术系统建设、人员培训等各个环节抓紧推进相关工作,全力支持和配合人民法院

做好代表人诉讼的实施。

一是加强组织领导。中国证监会高度重视特别代表人诉讼工作,成立专门领导小组,统筹推进整体工作。

二是完成配套制度制定工作。根据最高人民法院司法解释,中国证监会制定发布了《关于做好投资者保护机构参加证券纠纷特别代表人诉讼相关工作的通知》,对投资者保护机构的范围、参与特别代表人诉讼的原则、协调合作机制以及工作纪律等作出规定。投服中心也同步发布了专门的业务规则,为诉讼实践的开展做好制度准备。

三是指导投资者保护机构积极开展准备工作。在试点阶段由投服中心一家投资者保护机构作为诉讼主体,参与代表人诉讼,另一家投资者保护机构——投保基金公司负责损失计算等工作,后续再根据需要从事诉讼代表人工作。投服中心健全管理机制,建立选案决策机制,细化案件评估标准,完善技术系统,聘请多名公益律师开展了诉讼模拟演练和业务培训,积极做好各项准备工作。

四是支持投资者保护机构以代表人身份积极参与诉讼具体工作。2021年3月26日,广州中院发布康美药业普通代表人诉讼权利登记公告。投服中心接受50名以上投资者委托,向法院提交了依法转为特别代表人诉讼的申请。4月16日,广州中院发布康美药业特别代表人诉讼权利登记公告。7月27日,广州中院正式开庭审理康美药业特别代表人诉讼案。11月12日,广州中院对康美药业特别代表人诉讼案依法作出一审宣判,判决赔偿52037名投资者24.59亿元,马兴田夫妇及邱锡伟等4名原高管人员、正中珠江会计师事务所及直接责任人员依法承担100%的连带赔偿责任,13名相关责任人员按过错程度承担部分连带赔偿责任。

康美药业普通代表人诉讼转换为特别代表人诉讼,是我国首单证券纠纷特别代表人诉讼,这是资本市场发展历史上的一个标志性事件,无论是对资本市场健康发展,还是对维护投资者合法权益,都具有重要意义,并将产生积极深远影响。这也是落实国务院金融委对违法违规行为"零容忍"要求的具体实践。国务院金融委多次会议指出,上市公司财务造假是证券市场的"毒瘤",严重损害了广大投资者的合法权益,造成了恶劣的社会影响,危及市场秩序和金融稳定发展,必须从严从快从重打击。

2020年5月,中国证监会对康美药业信息披露违法违规行为作出行政处罚及市场禁入决定,公司及相关人员涉嫌犯罪行为被移送司法机关。康美药业公司于2016—2018年连续3年有预谋、有组织、系统性实施财务造假约300亿元,涉案金额巨大,持续时间长,性质特别严重,社会影响恶劣,践踏法治,对市场和投资者毫无敬畏之心,严重损害了投资者的合法权益,严重破坏了资本市场健康生态。

投资者保护机构充分响应市场呼声,依法接受投资者委托,作为代表人参加康美药业代表人诉讼。中国证监会对此表示积极支持,并将依法对投资者保护机构参与诉讼工作进行监督,切实保障投资者合法权益。

下一步,中国证监会将持续加强与最高人民法院的沟通协调,不断推动完善特别代表人诉讼各项制度机制,依法推进特别代表人诉讼工作常态化开展。

第 六 章

投资者保护基础建设

为进一步提升资本市场投资者服务工作水平,中国证监会不断优化投资者保护基础建设。开通运行"12386"中国证监会服务热线,作为接收投资者诉求的公益服务渠道,有效化解矛盾纠纷,成为中国证监会服务投资者的重要窗口。建设投资者公益网络服务平台——中国投资者网,便利投资者"一站式"获取知识和服务,以投资者喜闻乐见的形式打造"投资者自己的网站"。开展证券市场投资者调查,全面了解投资者对资本市场重大改革的意见建议,以及对投资者保护工作的新期待、新要求。构建我国资本市场投资者权益保护评估评价体系,编制并对外发布《中国资本市场投资者保护状况蓝皮书》。

第一节 "12386"中国证监会服务热线

"12386"中国证监会服务热线是中国证监会建立的接收证券期货市场投资者诉求的公益服务渠道。建设运行"12386"热线,是投资者保护的一项基础设施工程。热线在有效化解矛盾纠纷、维护投资者合法权益方面发挥了重要作用,是中国证监会服务投资者的重要窗口。

一、"12386"热线概述

2013 年 8 月 28 日,中国证监会发布《中国证券监督管理委员会公告》,并于 9 月 6 日开通热线。2018 年 10 月 22 日,中国证监会发布《关于"12386"中国证监会服务热线运行有关事项的公告》,进一步突出热线公益服务定位。热线运行 8 年来,共妥善处理投资者诉求 68 万余件(见图 6-1),为投资者挽回损失 2.56 亿余元,收到感谢信 800 余件,有效化解了矛盾纠纷,维护投资者合法权益,成为中国证监会服务投资者的重要窗口和平台,得到市场各方和广大投资者的好评。可以说,一条热线,将投资者和监管部门、经营机构连接在一起。

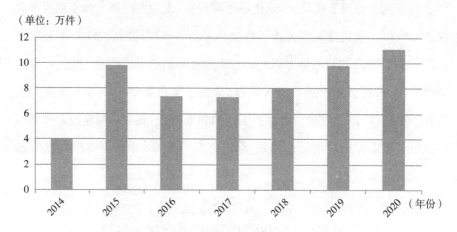

(单位:万件)

图 6-1 "12386"热线承办投资者诉求数量

资料来源:根据公开资料整理。

根据《国务院办公厅关于进一步加强资本市场中小投资者合法权益保护工作的意见》的要求,市场机构要承担投诉处理首要责任。热线开通之初,即定位于监管部门在信访、举报等法定职责之外为投资者提供公益服务的渠道,目的是督促市场机构落实好投诉处理首要责任。立足定位,热线主要接收以下三种投资者诉求:投资者在购买证券期货产品或接受相关服务时,与证券期货市场经营主体及其从业人员发生的民事纠纷;投资者对证券期货相关业务和制度提出的咨询;投资者对证券期货市场监管政策或者工作提出的意见建议。

中国证监会投资者保护局负责热线的统筹指导、组织协调和监督管理,包括制定完善热线的制度机制,对热线工作进行考核评价等。投保基金公司负责热线的日常运营管理,包括热线业务系统建设维护,热线具体业务规则制定修订,热线诉求受理、转办,热线数据统计分析,话务人员和法律顾问的聘请、管理等。相关单位和部门结合自身职责,积极支持配合做好热线相关诉求处理工作。

二、“12386”热线的规则机制

为规范热线运作,中国证监会明确热线的公益服务定位,督促市场经营主体落实投诉处理首要责任,明确对投诉、咨询、建议等诉求的处理方式。同时,多家派出机构制定了辖区诉求工作指引,为投资者诉求办理提供引导。例如,宁波证监局修订完善诉求处理工作指引,进一步规范诉求处理工作流程,联合行业协会组织经营机构签订投诉处理承诺书;广东证监局印发《广东辖区证券基金期货经营机构投资者保护专员工作指引》,督促推动辖区机构落实诉求处理主体责任,进一步提高辖区机构纠纷化解效率及服务投资者质量。

三、“12386”热线服务投资者的各项举措

(一)热线投诉实现直转经营机构办理,效率大幅提高

为优化投诉转办流程,提高处理效率,2017 年起,热线在北京辖区开始试点投诉直转市场经营机构办理。2019 年 4 月,直转试点范围从北京扩大至上海、广东、深圳、江苏共 5 个辖区。2020 年 1 月起,直转范围扩至全国

所有辖区,涉及近800家经营机构总部及其上万家分支机构。直转以来,整体运行平稳,诉求办理效率大幅提高,各方反映良好。

(二)实现全国免费直拨

中国证监会协调工业和信息化部、三家电信运营商,于2015年实现热线免长途话费全国直拨,降低了投资者投诉成本,更便利投资者提出诉求。

(三)启动投诉转调解试点,拓宽投资者诉求处理渠道

2018年11月,热线启动投诉转调解试点工作。试点将投资者和经营机构未达成和解的投诉事项转至投服中心,为投资者提供公益调解服务,进一步拓宽投资者诉求处理渠道。试点以来,已成功办理转调解工单3800余件。

(四)强化经营机构诉求处理的主体责任,纳入日常监管范畴

各地证监局将经营机构办理投诉情况纳入日常监管范围,适时核查并采取督促措施。目前,已有36个辖区经营机构签署了积极配合投资者投诉处理的承诺书,中期协组织了全行业149家期货公司签署承诺书。

四、"12386"热线提升自身服务的各项举措

(一)保持热线接通率持续稳定

投入大量人力物力支持热线运行管理创新方法,稳步提升热线接通率和热线服务水平。除个别时段因股市波动较大导致电话呼入量增长较快等情形,热线日常接通率持续稳定在90%以上,处于政府类服务热线中较为靠前的水平。

(二)保障新冠肺炎疫情期间热线渠道畅通、有序运行

2020年,按照中国证监会和北京市疫情防控工作要求,热线提前部署、及时协调,加强人员、物资和技术保障,保证话务员身心状况良好,确保热线稳定运行和渠道畅通,诉求处理工作不断、标准不降、节奏不乱。

（三）开展话务员业务培训，提升服务专业化水平

针对投资者咨询投诉问题专业性不断提升的情况，为持续提高话务员的专业能力和服务水平，热线持续组织开展相关业务、法律法规的专业培训，就近安排证券营业部作为话务员实习基地，提升话务员对资本市场的了解。

（四）推进热线智能系统建设

通过人工智能技术，自动识别投资者与话务员通话内容，对投资者语义分析实时向话务员推送答复口径，并实时转录文字辅助话务员整理工单。通过智能质检功能，对投资者与话务员通话进行实时监测，对通话中可能出现的服务问题进行实时提醒，推动热线服务质量、效率和准确性进一步提升。

（五）优化热线诉求办理协作机制，不断完善答复口径

随着资本市场一系列重大改革措施的推出，投资者咨询问题的专业性、复杂程度进一步增强，在热线工作实践中，中国证监会会内各部门、系统各单位为热线完善答复口径、办理疑难咨询工单、开展业务培训等提供了有力支持。

五、"12386"热线的亮点成效

（一）围绕重大改革，及时分析报送数据信息

针对设立科创板并试点注册制、创业板改革等资本市场重要改革，积极做好相关诉求数据的整理分析，关键时期做到实时报送、按日报送，为改革工作提供参考。

（二）结合投诉分析，持续加强市场监管

针对投资咨询公司投诉数量激增的情况，组织相关证监局开展专项整治，并以专报方式推广经验，推动出台加强投资咨询公司分支机构监管的

文件。

(三)针对投诉焦点,推动完善监管措施

针对近年来大量投资者通过热线反映证券账户销户难的问题,推动由中国结算发布《关于进一步规范证券账户销户业务的通知》,要求证券公司为投资者办理证券账户销户提供便利,并明确相应自律管理措施。针对投资者就同一问题或类似问题集中反复投诉的情况,联合地方证监局采取措施,从源头减少重复投诉。例如,北京证监局发布通知,要求辖区经营机构合规部门加大指导督促力度;厦门证监局系统梳理投资者重复诉求问题清单,减少同类、多发投诉。

(四)细化热线各项统计指标,完善报告制度

为提升投资者投诉问题对资本市场监管工作的参考意义,热线注重细化各项统计指标,形成热线周报、月报、快报、专题报告等一系列报告,较好地反映热线的日常情况、市场热点、诉求变化趋势,提请系统内单位、部门关注。

拒绝投资者网上办理销户投诉案例

投资者致电热线反映,在某证券公司的 APP 上开立了账户后,欲网上办理销户,但公司客服告知"需要前往营业部办理销户"。投资者认为网上开户的应该可以在网上办理销户,要求该公司允许自己网上注销账户。

热线转办投诉后,证券公司第一时间核实了相关情况。目前,该公司已上线证券账户网上注销功能,个人投资者登录网上营业厅验证身份后,即可实现证券账户非现场注销;但是,对于资金账户,依据相关规定及公司业务流程,考虑到资金账户涉及第三方存管、利息结清等,资金账户销户目前只能通过现场方式办理。经充

分沟通,投资者对此表示理解。

佣金纠纷投诉案例

投资者致电热线反映,在频繁交易后,发现所属营业部未按照公司普遍的佣金收取标准收取自己的佣金。营业部表示已经以短信形式通知佣金收取标准。投资者认为营业部未对其是否知悉通知进行后续的追踪服务。故致电投诉,要求营业部给予合理解释。

热线转办投诉后,证券公司第一时间核实佣金情况并与投资者进行沟通,解释主要由于公司营业部关于佣金通知的后续追踪服务不到位影响了投资者关于佣金率执行标准、佣金调整流程的了解。后续,证券公司已向投资者解释了佣金标准和调整流程并表示后续将完善佣金相关业务流程和服务机制,投资者表示认可。

基金宣传提示误导投资者投诉案例

投资者致电热线反映,申购了某基金公司的基金产品后,两个平台显示产品估值分别为上涨 4.6 余元、3.6 余元,公司公布的净值为上涨 2.68 元。投资者认为基金净值与估值差异较大,要求公司给予合理解释。

热线转办投诉后,基金公司第一时间核实相关情况。因基金公司对基金估值、净值宣传提示方面存在一些不足导致投资者对估值与净值理解不充分。对此,公司及时与投资者沟通解释估值与净值的情况:基金估值一般是第三方平台按照该基金上一季度定期报告公布的证券持仓和市场走势等进行的估算,而基金净值是基金管理人在交易日当日按照该基金当日的持仓情况进行计算,并由基金托管人复核。基金的当日净值和估值可能存在一定差异。公司提示投资者,基金估值数据不代表真实净值,仅供参考,投资者应以基金管理人披露的净值为准。

拖延投资者办理转托管业务投诉案例

投资者致电热线反映,曾前往某证券公司就近营业部办理转托管业务,在问询办理进展情况时被告知:"本人亲自前往当天就可以办理,本人未亲自前往现场第二天才能办理完毕。"但3天时间转托管事项仍未办理完毕。投资者要求该营业部明确告知转托管业务能够办理完毕的时间。

热线转办投诉后,公司立即核实相关情况并与投资者进行沟通,解释因前期公司财富顾问欲挽留客户及内部流程影响了转托管业务的及时性。截至投诉办理当天,投资者转托管业务权限已生效,业务办理完毕。公司表示,后续将加强员工业务培训,提升相关业务办理效率和质量。

新股中签通知渠道不畅通投诉案例

投资者致电热线反映,通过某证券公司进行了新股申购,但该公司未及时告知投资者新股中签,导致其未能及时缴款并成功申购新股,给投资者造成了损失,投资者要求公司赔偿自己相应损失。

热线转办投诉后,公司第一时间核实相关情况并与投资者进行沟通,解释公司已于当天分别通过客户端交易系统信息和手机短信两种形式告知投资者中签,由于当日该投资者的客户服务经理出差在外,没有电话通知。根据公司与客户订立的账户合同,客户端交易系统信息、手机短信均为有效的通知告知方式,相关信息一经成功发送至投资者账户或留存联系方式,即视为公司有效履行通知义务。但为了更好地服务投资者,公司后续将在客户端交易系统新股中签公告弹窗中设置确认按钮,适当增加电话通知方式等,投资者表示满意。

六、证券期货市场的其他服务热线

各交易场所、行业协会等系统单位也设立专门投资者服务热线(见表6-1),采取针对性措施,提高热线服务质量。热线年度总来电超过20万通,部分单位上线智能语音应答系统实现7×24小时应答服务,提高诉求处理效率,保障投资者诉求得到及时、高效、规范解决。为提升热线管理规范性,系统单位不断完善工作机制,例如,上交所制定了《投资者服务热线暂行办法》;深交所制定了《投资者诉求处理办法》《投资者诉求处理操作指南》;等等。

表6-1　部分系统单位投资者服务热线

序号	单位	投资者服务热线
1	上海证券交易所	400-888-8400
2	深圳证券交易所	400-808-9999
3	上海期货交易所	800-820-3618
4	郑州商品交易所	0371-65610069
5	大连商品交易所	0411-84808888
6	中国金融期货交易所	021-50160299
7	中国证券登记结算有限责任公司	400-805-8058
8	中国期货市场监控中心有限责任公司	010-66555088
9	中国证券投资者保护基金有限责任公司	12386
10	全国中小企业股份转让系统有限责任公司	400-626-3333

续表

序号	单位	投资者服务热线
11	中国证券业协会	010-66290774
12	中国期货业协会	010-88087219
13	中国上市公司协会	010-88009655
14	中证中小投资者服务中心有限责任公司	400-187-6699

资料来源:根据公开资料整理。

此外,目前多数经营机构已建立投资诉求处理机制,通过官方网站、手机应用程序(APP)等互联网渠道及经营场所的显著位置,公示投诉方式、受理渠道、处理流程等信息。投资者可以通过信件、电子邮件、传真、电话、营业部柜台、在线客服等方式直接向经营机构提交诉求。部分经营机构使用在线投诉表格,允许投资者进行线上投诉。投资者投诉内容主要集中在服务纠纷投诉、相关费用投诉、业务投诉、信息系统投诉、资管产品业绩投诉5个方面。经营机构投诉处理流程一般包括客户投诉、受理投诉、核实处理、沟通反馈等步骤。

第二节 中国投资者网

《国务院办公厅关于进一步加强资本市场中小投资者合法权益保护工作的意见》明确要求,加大资源投入,完善基础设施,畅通与中小投资者的沟通渠道。作为中国证监会开展投资者保护工作的综合性载体,中国投资者网于2018年5月22日在上海正式开通运行,旨在打造"一站式"的线上投资者服务平台,充分畅通与中小投资者的沟通渠道。2019年5月15日,中国投资者网配套微信公众号上线运行;10月,网站域名变更为 org.cn(www.investor.org.cn)。

一、网站定位与运行机制

（一）网站定位

作为服务广大中小投资者的重要公益性平台,以及投资者与监管部门、市场沟通的桥梁和纽带,中国投资者网坚持"与党同向、与时代同步、与人民同心",发挥好阵地作用、平台作用、桥梁作用,基本定位为:宣传资本市场改革部署和法规政策;开展投资者教育工作的重要基地;示范引领投资者全面知权、积极行权、依法维权的重要平台,成为投资者的"网上之家"。

（二）运行机制

于 2018 年 1 月制定并于 2020 年 9 月修订的《中国投资者网管理办法》,明确中国证监会投资者保护局负责网站的统筹组织、指导协调;投服中心是网站承办单位,负责网站建设维护、运行保障、安全防护、栏目规划等工作;系统相关单位结合自身职责为网站提供信息内容和相关支持。

为落实《中国投资者网管理办法》规定精神,投服中心制定网站运行管理配套制度,涵盖网站信息的采集、录入、审核,网站信息联络员管理,网站信息统计分析,信息发布室管理以及微信公众号管理等方面,规定网站信息联络员职责,明确网站信息统计报送要求,规范网站及微信公众号的信息发布流程,为网站运行各项具体工作提供制度依据。

二、网站栏目设置与功能

中国投资者网共设置 6 个一级栏目、19 个二级栏目和 40 个三级栏目,聚焦在线教育、在线行权、在线调解、在线维权等特色功能栏目,为投资者提供投资者教育、持股行权、纠纷调解、支持诉讼、股东诉讼、代表人诉讼等线上服务。

一是着力打造优秀投教产品"集散地"。持续承办证券期货投教作品展播活动,在"3·15消费者权益保护日""5·15全国投资者保护宣传日"等重要投保活动日期,通过向全系统征集的方式,集中展示系统内外形式多样、种类丰富的优秀投教作品。开设"3·15云上投教""5·15投服专列"等特色活动专栏,提醒投资者注意防范股市风险,引导中小投资者正确认识市场风险,树立理性投资理念,增强自我保护能力。

二是创新开设网上行权特色栏目。开发在线公开征集股东权利平台,便利投资者网上行权。与上交所、深交所协商开通"上证e互动""互动易"投资者服务平台接入服务。2020年,"网上行权"栏目已同步展示投服中心对沪深交易所189家上市公司的359项提问,其中299项上市公司已回复。

三是大力推广运用在线调解系统。建设完善统一标准的、可供各调解组织使用的在线调解平台,网站在线调解系统已实现调解申请、案件受理、调解员选定、记录案情、视频调解、档案管理等全调解流程的网络化。2020年共通过网站登记纠纷案件近900起,投资者获赔金额达700多万元。依托证券期货纠纷在线诉调对接机制,实现网站纠纷在线解决平台与"人民法院调解平台"数据共享、互联互通,可在线进行案件委派委托、司法确认等操作,帮助投资者在线化解纠纷,降低维权成本。

四是助力投保机构代表人诉讼机制落地。为落实新《证券法》相关要求,通过信息化手段为投资者提供便捷的线上维权服务,中国投资者网开发上线代表人诉讼子系统,实现信息线上采集、后台双人审核、人脸识别等10余项功能,保障代表人诉讼中,投资者可通过线上方式完成权利人名单登记、损失计算、声明退出等诉讼流程。

五是构建与投资者的互动沟通"桥梁"。设立"意见建议"栏目,开展投资者在线调查,收集投资者意见建议,对投资者咨询问题进行一对一解答。

建立并持续更新智能问答题库,每年为投资者提供证券期货基础知识、股东权益等方面咨询问答 2000 余次。

六是配合做好资本市场改革宣传。以新《证券法》实施为契机,围绕科创板、创业板、新三板改革以及提升上市公司质量等资本市场重大创新举措积极开展法规政策宣传,以开设专栏等形式助力投资者学习,讲好资本市场改革故事。

中国投资者网上线运行三年多来,在中国证监会党委统一领导下,中国投资者网认真贯彻落实会党委各项工作部署,始终坚持正确的政治方向,积极推进中国证监会系统监管文化建设,总体运行安全平稳,网站功能逐步优化完善,未发生影响稳定运行的信息安全事件,获得投资者、市场机构和社会各界的一致好评。截至 2020 年 12 月底,中国投资者网共发布各类信息 6 万余篇,"在线教育"栏目发布投教产品 3000 余个,"在线行权"栏目发布行权动态 300 余条,在线调解平台登记案件 1500 多起,投资者获赔金额 1300 万余元,为投资者提供咨询上万次。

第三节 投资者调查工作机制

倾听投资者声音是全心全意保护投资者合法权益、践行资本市场人民性的重要体现,也是投资者调查工作的初心。自 2007 年起,中国证监会持续组织开展各类投资者调查,全面了解投资者对资本市场重大改革的意见建议以及对投资者保护工作的新期待、新要求。在中国证监会投资者保护局统筹指导下,各系统单位积极开展全国股票市场投资者状况调查,A 股市场投资者知权、行权、维权现状调查,科创板投资者调查以及个人投资者状况年度调查等各类调查工作,及时、准确掌握投资者结构和行为的变化趋势,深入了解投资者对市场热点问题的看法以及相关意见建议。

一、投保基金公司投资者调查工作情况

(一)总体情况

自 2007 年开展调查工作以来,投保基金公司根据全国投资者数量和结构变化情况,分别于 2008 年、2011 年、2014 年和 2018 年组建四期固定样本库,2019 年后又组建科创板投资者、专业机构投资者样本库,并开发建设专门的投资者调查系统,进一步畅通投资者意见反映渠道。截至 2020 年 12 月底,投保基金公司共组织专项调查、年度专题调查、快速调查等投资者调查 230 余期,覆盖调查对象 120 余万人次。

(二)主要调查成果

1. 全国股票市场投资者状况调查

为科学反映我国 A 股市场投资者状况,在中国证监会投资者保护局统筹指导下,投保基金公司于 2018 年、2019 年度连续两年开展"全国股票市场投资者状况调查",回收有效问卷 37 万余份,从投资者基本情况、交易行

为特点、投资心理特点、投资预期等方面反映投资者状况和变化趋势,并收集汇总投资者对投保工作的意见建议。调查报告向社会公开发布。

2. 投资者意见建议月度调查

为了解投资者意见诉求和对市场热点问题的看法,投保基金公司每月开展投资者热点问题调查,并形成专项调查报告及结论。内容涉及投资者适当性管理、投资者保护教育、设立科创板并试点注册制、创业板改革并试点注册制、新三板改革、证券投资者情况等。

3. 证券投资者信心调查

投保基金公司于2008年4月起开展"月度投资者信心调查",按月编制发布投资者信心指数。目前,该指数被纳入国务院证券期货行业运行情况风险预警监测指标体系,以《证券期货市场信息快报》形式上报。

二、投服中心投资者调查工作情况

(一)总体情况

投服中心投资者调查工作重点围绕投资者知权、行权、维权现状年度调查,以及投资者保护热点问题调查开展。经过近年来的实践探索,形成了一套包括主题选取、问卷设计、数据回收整理等环节在内的完整调查流程。与各地证监局合作开展辖区投资者状况调查,及时跟踪投资者知权、行权、维权状况。与多家证券公司建立稳定的合作关系,持续完善投资者调查基础样本库,为检验投资者教育、纠纷调解、持股行权、股东诉讼等工作成果提供更多基础数据。

(二)主要调查成果

2018—2020年,投服中心连续三年开展线上年度调查,累计6.6万余名投资者参与。连续两年开展线下调查,面对面调研200余位投资者,形成了3篇年度报告——《A股市场投资者知权、行权、维权现状调查报告》。

开展 30 余次专题调查,近 9 万余名投资者参与。

三、上交所投资者调查工作情况

(一)总体情况

2013 年以来,上交所持续开展投资者声音调研,围绕重点业务及时了解投资者意见建议。经过多年实践探索,上交所投资者调查工作从散点到体系化,从单个活动到系列性项目、从摸索到建立机制,已形成投资者调查报告百余份,其中 2020 年形成报告 32 份。历次投资者调查成果,为科创板建设、新《证券法》实施、期权上市、沪港通开通、投资者适当性管理制度建设、退市制度改革等资本市场改革提供了有力支持。

(二)特色调查机制

1. 跨部门跨单位协同调查机制

上交所内部形成跨部门协作机制,在重点调查工作中加强合作,提升调查实效。发挥各部门投教联络人作用,定期收集调查需求,配合开展调研策划,提升调查工作业务协同。同时,根据调查主题积极与会管单位、政府部门、科研院所、行业机构、高校等开展合作,努力发挥各自优势,形成调查工作合力。

2. 重点项目联合调查机制

探索将投资者调查内容嵌入到交易所重点活动、项目中,形成联动机制,实现主题活动与投资者调查效果的双提升。2020 年,上交所启动青年员工"走近投资者"主题实践特色活动,开展座谈、培训、自选活动等 140 余场,访谈、调查投资者 7000 余人,围绕新证券法、科创板等主题"听建议、找问题、拿措施",形成"投资者保护""中小散户投资者行为分析"等系列调查报告。

（三）主要调查成果

1. 投资者声音调研系列报告

涵盖新股发行、沪港通开通、期权上市、适当性管理制度建设等重点业务，反映投资者对"提高公司上市门槛""严厉打击资本市场造假行为"等诉求，对"期权业务复杂，不了解投资策略、交易机制"等困惑。

2. 科创板投资者系列调查报告

围绕科创板规则征求意见稿、科创板投资者特征、市场流动性、投资者开户及交易意愿等主题开展投资者调查，及时反映投资者对科创板发行交易等制度的关注情况，以及投资者风险承受能力、持仓周期等行为特征情况。

四、深交所投资者调查工作情况

（一）总体情况

深交所自 2010 年起建立常态化的投资者调查机制，包括针对深市个人投资者状况、投资者关系管理状况、投资者情绪等开展的定期调查，以及针对上市公司各项信息披露指引草案、创业板改革并试点注册制、创业板投资者适当性、退市制度改革等开展的专项调查。2014 年推出"投资者之声"调研问卷平台，并灵活运用座谈会、视频会、公开征集意见等多种形式深入开展调查。调查成果为增强投教投保工作的科学性、推动提高深市上市公司投资者关系管理工作质量、支持资本市场发展提供了有益参考。

（二）主要调查成果

1. 个人投资者状况年度调查报告

自 2010 年起持续开展个人投资者状况调查，并面向社会公开发布调查报告，迄今已进行 12 次调查，超 12 万人次参与。调查采用科学分层抽样方法，内容涵盖投资者基本信息、投资者教育、投资者维权情况以及资本市场热点问题看法等,追踪投资者结构与行为的新特点、新变化、新趋势,提升投资者保护工作的针对性、有效性。

2. 投关状况年度调查报告

2020 年起开展投关状况年度调查并发布报告,调查内容涉及基础制度、资源配置、工作方式及工作建议等维度,调查对象覆盖全部深市上市公司,为深入了解深市上市公司投关状况、引导深市上市公司做好投关管理工作提供了大量第一手资料。

3. 围绕新制度、新规则、新热点开展的专项调查报告

坚持重要会议前必调研、重要决策前必调研、推动重点工作落实必调研的工作原则,针对创业板改革并试点注册制、创业板投资者保护、退市制度修订以及 20 余个行业信息披露指引草案等面向投资者开展问卷调查,调查结果为制定、修订业务规则提供重要参考。此外,还针对中美经贸关系投资者看法、新冠肺炎疫情防控期间投资者状况、2020 年 7 月 A 股上涨看法等市场热点事件进行调查,及时发现、解决投资者关心关切的问题。

4. 个人投资者情绪调查指标

建立个人投资者情绪调查机制,每周开展调查。调查自 2019 年 10 月底启动,目前已超 17 万人次参与。通过调查个人投资者对短期 A 股市场表现的看法,构建个人投资者情绪周度指标,跟踪分析个人投资者情绪变化,为防控市场风险提供决策支持。

第四节　投资者保护评价体系

为落实《国务院办公厅关于进一步加强资本市场中小投资者合法权益保护工作的意见》要求,2015 年起,投保基金公司在中国证监会投资者保护局统筹指导下,在各交易所、中证协等单位支持下,逐步建立起覆盖证券投

资者保护制度,证券期货行业稽查执法,证券期货行业自律组织,A 股上市公司、证券公司以及公募基金管理人等多方主体的中国资本市场投资者合法权益保护评估评价体系,并逐年编制《中国资本市场投资者保护状况蓝皮书》。

一、《中国资本市场投资者保护状况蓝皮书》的定位及编制特点

(一)《中国资本市场投资者保护状况蓝皮书》的定位

《中国资本市场投资者保护状况蓝皮书》定位为客观反映年度我国资本市场投资者保护状况及其变化趋势的重要调查成果,包含以下方面:一是展示资本市场投资者保护情况、举措和成效,增强市场信心。二是对投资者保护工作发展提出意见建议。三是回应各方关切,解疑释惑。

总体来看,《中国资本市场投资者保护状况蓝皮书》不同于市场上各类社会责任报告和评价报告,主要体现在:一是具有全面性,逐步覆盖资本市场各层次、各主体。二是具有权威性,由中国证监会系统相关单位参与编写并提供数据支持,将定量与定性、主观与客观评价相结合。三是具有独立性,由第三方以公益性为目的组织评价,确保评价结果公正客观。

(二)《中国资本市场投资者保护状况蓝皮书》的编制特点

一是采取标准量化的指标设计。《中国资本市场投资者保护状况蓝皮书》评价指标尽可能定量评价,对条件不具备的可采用定性评价,借鉴国际证监会组织以往评价案例,分为符合、大致符合、部分符合、不符合等类别。二是客观公正的评价方式。采用第三方评价、自评和投资者评价相结合的方式,增强评价结果的权威性、公信力和认可度。三是广泛听取意见。《中国资本市场投资者保护状况蓝皮书》基本架构确定以及评价指标体系形成过程中,充分听取市场人士、专家学者、投资者以及系统相关单位和部门的意见建议,并组织深入论证,获得各方认可。

二、《中国资本市场投资者保护状况蓝皮书》的主要内容

2016 年起,投保基金公司按年度采集数据信息,运用 100 多个指标开展评价。《中国资本市场投资者保护状况蓝皮书》总报告及各篇子报告已成为每年"5·15 全国投资者保护宣传日"上投资者和社会各界最为关注的投保产品之一。

具体而言,《中国资本市场投资者保护状况蓝皮书》总报告是在六个子报告结论的基础上,对资本市场各参与主体投资者保护情况的分析、研究和总结。2020 年,总报告进一步完善了投资者保护评价标准,增加投资者保护机构、新三板挂牌公司、私募基金等投资者保护状况评价等内容,体现投资者保护最新情况。

投资者保护制度子报告通过梳理总结年度证券投资者保护制度制定、修订及落实情况,结合投资者对各项权益保护状况的满意度情况,对证券投资者保护制度体系建设情况及落实效果作出评价,并结合投资者保护新要求对我国投资者保护制度体系建设提出完善建议。

稽查执法子报告通过独立第三方视角,梳理总结年度证券期货稽查执法制度建设、工作成效、与其他部委协作等情况,并结合投资者调查结果,对稽查执法工作情况进行全方位评价,提出有针对性的政策建议。

自律组织子报告从 11 家自律组织投资者保护概况、各自律组织投资者保护工作情况、建议及展望等方面,回顾年度证券期货行业自律组织投资者保护工作情况及成效。2020 年首次加入自律组织投资者保护量化结论,客观展现各自律组织在投资者保护制度建设、履行自律监管职责、开展投资者教育和服务等方面取得的成效。

上市公司子报告从上市公司治理结构、信息披露及投关管理等方面,评价上市公司对投资者决策参与权、知情权、投资收益权等基本权利的保护状

况,包括 3 个一级指标、16 个二级指标和 61 个三级指标。

证券公司子报告从投资者证券资产安全、投资者服务教育、投资者自主选择和公平交易、证券公司偿付能力 4 个方面设置评价指标,对年度证券公司投资者保护状况进行评价,包括 4 个一级指标、11 个二级指标和 27 个三级指标。

公募基金管理人子报告从公募基金管理人投资者保护机制建设、适当性管理、知情权保障、投资者教育服务及投诉处理 4 个方面设置评价指标,对年度公募基金管理人投资者保护状况进行评价,包括 4 个一级指标、10 个二级指标和 26 个三级指标。

《中国资本市场投资者保护状况蓝皮书》的编制为进一步完善投资者保护制度体系提供了可供参考的评价结论和工作建议,对投保工作获得社会认同、形成投资者保护合力发挥了积极作用。

第七章

投资者保护国际交流合作

中国证监会持续加强投资者保护国际交流合作,作为国际证监会组织的正式会员,参与国际投资者保护规则制定,积极向国际市场分享中国智慧、发出中国声音,为境外新兴市场提供了可供借鉴的"中国经验",不断提升我国投资者保护工作的国际影响力。积极参与世界银行《全球营商环境报告》评估工作,借鉴国际先进经验,在规范上市公司治理、便利投资者维权诉讼、提升股东权利保护水平等领域推出了一系列改革举措,着力打造法治化营商环境,"保护中小投资者"指标排名跃升至全球第 28 位。

第一节 与国际证监会组织的交流合作

保护投资者权益是全球资本市场共同关注的话题,也是国际证监会组织确定的三大目标之一。中国证监会积极参加国际证监会组织的各项工作,主动参与证券期货领域投资者保护相关国际政策与标准的制定,持续参加世界投资者教育和保护相关活动,向国际市场分享投资者保护的中国经验,持续提升我国投教投保工作的国际影响力。

一、加入国际证监会组织

国际证监会组织是由各国各地区证券期货监管机构组成的专业组织，是主要的金融监管国际标准制定机构之一。截至 2020 年年底，该组织共有 226 个成员机构，其中正式会员（Ordinary Member）129 家，联系会员（Associate Member）30 家，附属会员（Affiliate Member）67 家。国际证监会组织主要机构包括主席委员会（Presidents Committee）、理事会（Board）、增长与新兴市场委员会（Growth and Emerging Markets Committee）、地区委员会（Regional Committees）、附属会员咨询委员会（Affiliate Members Consultative Committee）和秘书处。其中，理事会下设 8 个委员会，负责相关政策和标准制定，分别为 C1 发行人会计、审计与披露委员会，C2 二级市场监管委员会，C3 中介机构监管委员会，C4 执法与信息共享委员会，C5 投资管理委员会，C6 信用评级机构委员会，C7 衍生品委员会，C8 中小投资者委员会。地区委员会分为 4 个，即非洲/中东地区委员会（AMERC）、亚太地区委员会（APRC）、欧洲地区委员会（ERC）和美洲地区委员会（IARC）。此外，随着全球金融市场日益融合，跨境证券活动不断增加，国际证监会组织于 2002 年 5 月制定了《关于咨询、合作与信息交换的多边备忘录》（MMoU），并成立监督小组（MMoU MG），为成员机构调查处理跨境证券类案件提供了便利，为国际监管合作制定了新的标准。

中国证监会于 1995 年 7 月加入国际证监会组织，成为其正式会员。上交所、深交所、中金所、中国结算、投保基金公司、中证协、中基协是国际证监会组织的附属会员。目前，中国证监会是国际证监会组织理事会常任理事，加入了国际证监会组织理事会下属的所有政策与标准制定委员会（C1-C8），其中 2008—2015 年连续担任 C5 副主席，2018—2020 年担任 C2 副主席，2020—2022 年担任 C7 副主席。同时，也是增长与新兴市场委员会成

员,并自 2012 年起至今连续担任多届多边备忘录监督小组副主席,自 2016
年起至今连续担任亚太地区委员会副主席。

二、积极参与中小投资者委员会工作

国际证监会组织于 2013 年 6 月批准设立中小投资者委员会,主要负责
从事国际证监会组织关于中小投资者教育和金融知识普及的政策性工作,
并就中小投资者保护领域的新兴问题向国际证监会组织理事会提出政策建
议。作为中小投资者委员会的创始成员,中国证监会多年来持续积极参与
中小投资者委员会的各项工作。

(一)牵头开展中小投资者投诉处理与权益救济项目

2021 年年初,由中国证监会牵头、英美法等 14 个成员辖区的监管机构
参加的全球中小投资者投诉处理与权益救济项目文件获得国际证监会组织
理事会审议通过,并于 1 月 27 日在国际证监会组织官网以国际证监会组织
名义正式对外发布。作为全球证券监管者的论坛和国际证券监管标准的制
定者,国际证监会组织发布的重要报告、行为规范和准则已成为全球证券行
业和证券监管的重要指南。这是我国首次在投资者保护领域主导国际文件
制定工作,体现了国际证监会组织对我国资本市场中小投资者保护工作,特
别是中小投资者投诉处理和权益救济做法的肯定。

中小投资者投诉处理与权益救济项目于 2018 年 11 月 14 日获得国际
证监会组织理事会批准立项,通过面向 49 个成员国家(地区)开展专项调
查,针对全球中小投资者保护领域缺乏统一治理规则、各国保护水平不均
衡、金融科技蓬勃发展对投保工作提出新挑战等突出问题,基于国际证监会
组织成员的实践,研究解决中小投资者的投诉处理和权益救济机制。该文
件主要包括以下内容:一是金融服务机构及其授权代理机构对投资者投诉
的内部处理机制。二是监管机构对金融服务机构及其代表相关投诉的处理

机制。三是采用诉讼外的替代性争议解决机制对投资者赔偿纠纷的处理机制。四是投资者对受损合法权益要求赔偿的司法救济机制。五是9项完善中小投资者投诉处理和权益救济机制的建议。

2019年1月,中国证监会承办了中小投资者委员会杭州工作会议,面向来自美国、法国、德国、中国香港等24个辖区的金融监管自律机构、国际证监会组织秘书处共51名代表介绍中国证监会投资者保护工作的最新情况,参会代表对我国资本市场的投资者保护工作展现出极大兴趣,针对持股行权、纠纷调解、投教纳入国民教育体系等工作进行了互动交流。同时,对本项目进行了充分讨论和研究。

(二)持续举办"世界投资者周"活动

"世界投资者周"(World Investor Week)是由中小投资者委员会在2016年悉尼会议上倡议举办的一项全球性投资者教育和保护活动,旨在普及金融知识,提升对投资者教育和保护的认识,以及加强国际证监会组织成员之间在投资者教育和保护方面的合作。继2017年、2018年试点成功后,国际证监会组织理事会于2019年5月批准其成为国际证监会组织的一项永久性工作项目,于每年10月的第一周(第一周为节假日的辖区可选择10月任意一周)开展系列宣传活动。

2018年,中国证监会组织沪深交易所在国庆节假期以"要投资 先求知""理性投资 与你同行"为主题参加了"2018年世界投资者周"活动,通过推送图文、视频、广播,走进社区、高校,举办投教大讲堂等方式,向公众投资者介绍证券投资和风险防范知识。活动得到各辖区经营机构的广泛支持和积极参与,得到广大投资者的欢迎。

2019年,中国证监会于9月30日至10月15日组织各地证监局及会管单位结合科创板、私募基金投教等主题开展形式多样的投资者教育和保护活动,通过展播投教产品,举办讲座、研讨会、现场活动,走进上市公司、社区、学校,接听热线电话等方式,向投资者普及金融知识,帮助投资者提升风险识别和防范能力,吸引投资者的广泛参与。

2020年,中国证监会组织各地证监局和会管单位,在10月份选择合适的时间,根据各地防疫要求,结合"聚焦创业板注册制 践行理性价值投资""诚实守信 做受尊敬的上市公司""理性投资,远离非法证券期货陷阱""2020年金融知识普及月"等投教宣传活动,组织开展投资者喜闻乐见的投资者教育和保护活动,通过刊载典型案例、投资者问答,播放风险提示词条,投放公益广告片,开展知识竞赛、专题讲座、模拟交易等活动,向投资者传递证券投资知识,持续提升投资者教育保护的渗透力和影响力。3年以来累计举办各类活动 5 万余场,覆盖投资者近 3 亿人次,中国证监会在活动组织场数、参与人数和活动影响等方面均获得中小投资者委员会主席和项目组成员的高度认可。

(三)中国证监会系统内单位积极开展投资者保护国际交流

上交所于 2002 年 6 月率先在境内举办投资者保护国际研讨会,来自政府部门的部委领导,境内外证券市场自律组织、实务界和学术界的众多专家学者就"投资者保护的法律体系""投资者保护的司法实践""中介机构与投资者保护"等 5 个主题发表了意见,与会代表的论文以《投资者保护——国际经验与中国实践》为书名结集出版。

2007 年 9 月和 2009 年 3 月,上交所受邀参加在西班牙马德里和美国华盛顿举办的投资者教育国际论坛(IFIE/IOSCO)投资者教育国际研讨会第一次、第二次联合会议,并于 2017 年 6 月,在巴西里约热内卢第九次联合会议中的"全球在 FC/IE 提出的策略与实施方案:全球金融服务变迁世纪及投资者教育计划"(A Changing Era in Financial Capability / Investor Education Programming)的论坛上重点介绍了 A 股市场的投资者结构和特点、开展投资者教育的管理架构和设计,以及投资者教育工作面临的挑战,分享了利用互联网、微课、微信等自媒体手段开展投资者教育的经验,展示了动漫、视频、微信长文等形式的投资者教育素材,得到与会代表的广泛认可,加深了国际行业同仁对我国资本市场的了解。

2018 年 5 月,上交所参加在匈牙利布达佩斯举办的国际证监会组织第四十三届年会时,就监管风险产品、平衡创新与投资者保护等议题参与讨论。11 月,上交所参加国际证监会组织亚太中心在马来西亚吉隆坡举办的"投资者教育与投资者保护中的行为经济学应用"专题研讨会,就证券投资者行为心理学、加密资产相关投资者教育项目等议题开展深入研讨。

深交所积极参加国际证监会组织等国际组织年会、专题培训、业务交流等会议活动,结合自身特色参与中小企业市场建设经验分享,贡献中国智慧与中国方案。截至目前,深交所在国际证监会组织附属会员刊物及世界证券交易所联合会官方杂志《FOCUS》发表数篇文章,介绍深交所投资者保护、创业板投资者赔偿、深港通、跨境资本服务机制、创业板市场建设等实践。

2012年起,深交所常态化开展境外投资者服务工作,寓服务于投资者保护,通过境外投资者走进上市公司、深市开放日、海外路演等手段,介绍境内市场改革发展最新政策,解答境外投资者关注问题,有力促进了境外投资者与境内的双向交流。

2020年新冠肺炎疫情以来,深交所不断优化境外投资者线上服务平台,每周向千名境外投资者发送境外投资者信息周报(Market Bulletin),传递我国资本市场声音,解读市场新政、新规,为维护市场稳定运行起到积极作用。常态化开展深圳市场特色主题线上推介活动,探索利用自媒体等平台丰富服务手段,畅通与境外投资机构的交流渠道,推动建设价值投资环境。

中基协积极帮助国内机构了解海外实践经验,组织翻译国际证监会组织和经济合作与发展组织(OECD)发布的《投资者财商核心能力框架》,为基金管理人、基金销售机构开展投资者教育提供参考,引导和帮助行业机构制定更加全面和科学的投资者教育计划,更加有效地推进基金行业投资者教育工作。中基协还在富达国际等外事来访中就海外投资者教育经验及国内养老金发展区别进行深入沟通交流。

此外,各派出机构及其他会管单位按照各自职责积极参与投资者保护国际交流,参加国际性投资者保护专项活动,发出中国声音,不断提高我国投保工作的国际影响力。

第二节　世界银行全球营商环境评估工作

党中央、国务院高度重视优化营商环境工作。世界银行称,由于"大力推进改革议程",中国已经连续两年跻身全球优化营商环境改善幅度最大的十大经济体。中国证监会作为世界银行《全球营商环境报告》"保护中小投资者"指标评估牵头单位,积极借鉴国际先进经验,开展优化营商环境改革,着力提升投资者保护水平,指标单项全球排名从 2017 年的第 119 位提升至 2019 年的第 28 位。

一、世界银行《全球营商环境报告》简介

世界银行《全球营商环境报告》首发于 2003 年,每年发布一次,通过收集分析定量数据,对 190 个经济体的营商法规及其执行情况进行评估,旨在衡量监管法规是否有助于推动或限制商业活动。《全球营商环境报告》的目标是鼓励经济体采取更为有效、透明和易于实施的监管措施,以便促进私营部门的发展、就业及经济增长。目前,《全球营商环境报告》已成为全球投资的风向标。

2019 年世界银行《全球营商环境报告》的评价指标包括获得施工许可、跨境贸易、纳税、财产登记、开办企业、获得电力、保护中小投资者、获得信贷、破产、执行合同 10 项指标,涵盖中小企业整个生命周期。

二、"保护中小投资者"指标全球排名持续提升

近年来,全国范围内大力推进简政放权、放管结合、优化服务改革。2020 年 1 月,《优化营商环境条例》正式生效,明确了营造稳定、公平、透明、可预期的营商环境的原则。中国营商环境全球排名从 2017 年的第 78 位升

至 2019 年的第 31 位,跃升了近 50 位。

"保护中小投资者"指标是世界银行《全球营商环境报告》评估的十大指标之一,通过评估"中小股东在关联交易和公司治理中的权利",关注各经济体相关法律是否健全、制度是否具有强制执行力,下设信息披露程度指数、公司透明度指数、董事责任程度指数、股东权利指数、股东诉讼便利度指数、所有权和控制权指数 6 个子指标。

中国证监会按照党中央、国务院部署,会同最高人民法院,北京、上海有关部门,牵头开展世界银行"保护中小投资者"指标评估工作。经过努力,我国"保护中小投资者"指标从 2017 年的全球第 119 位提升至 2018 年的第 64 位,2019 年又继续提升至第 28 位,两年共提升 91 位,部分次级指标已经达到或者接近世界最佳水平,充分反映了我国在保护中小投资者方面的改革决心和力度。

2019 年,中国得到"保护中小投资者"指标满分 50 分中的 36 分,下设子指标中有部分已经达到或接近世界领先水平,具体是:信息披露程度指数 10 分(满分 10 分),股东权利指数 5 分(满分 6 分)、所有权和管理控制指数 6 分(满分 7 分)、公司透明度指数 6 分(满分 7 分)、股东诉讼便利度指数 5 分(满分 10 分)和董事责任程度指数 4 分(满分 10 分)。世界银行报告指出,中国"保护中小投资者"指标获得大幅提升,得益于中国在保护中小投资者方面做了大量工作,推出了一系列改革措施。

三、"保护中小投资者"指标领域相关改革经验与成效

(一)高度重视,各单位紧密协作形成合力

中国证监会切实履行指标评估牵头职责,与各单位充分沟通,完善我国在规范上市公司关联交易、保障投资者权利、便利投资者诉讼维权等方面的制度,形成合力,使得改革措施有力推进。中国证监会组织修订《上市公司

章程指引》及《股票上市规则》,最高人民法院出台《关于适用〈中华人民共和国公司法〉若干问题的规定(四)》和《关于适用〈中华人民共和国公司法〉若干问题的规定(五)》、修改《关于民事诉讼证据的若干规定》,北京、上海市政府分别推出地方优化营商环境条例,其中纳入强化投资者保护条款,同时在基础研究、与世界银行沟通、向市场主体宣介等方面做了大量工作。

(二)精准发力,持续提升营商环境市场化法治化国际化水平

中国证监会会同相关单位,认真对标国际先进经验,找准薄弱环节,有针对性地推进改革,取得较好效果。

一是聚焦世界银行评估关键节点,措施精准有效。3 年来,"保护中小投资者"共推出 10 项改革措施,涉及上市公司治理、关联交易规范、股东诉讼等方面,在世界银行评估中均得到认可。在上市公司治理方面,包括上市公司雇佣或解聘外聘审计师必须经股东大会批准,上市公司董事会必须设立审计委员会,股东大会可在董事任期届满之前无理由撤销董事会的成员资格,上市公司的子公司不得购买该上市公司发行的股份,上市公司应在分红公告后一年内分配股利。在规范关联交易方面,公司控股股东、实际控制人、董事、监事、高级管理人员通过关联交易损害公司利益的,股东可以追究其赔偿责任。在股东诉讼方面,完全或部分得到法院支持的股东诉讼,公司应承担股东为参与诉讼所支付的合理费用,民事诉讼原告可以获取直接证实原告权利要求具体事实的信息以及另一方当事人表示要用来为自己辩护的信息。

二是各方措施协调联动,增强执行力。统筹考虑改革措施,实行全国一盘棋,如组织沪深交易所同步修订《股票上市规则》;关于股东大会罢免董事的条款在《最高人民法院关于适用〈中华人民共和国公司法〉若干问题的规定(五)》《上市公司章程指引》《股票上市规则》等各层面均作出规定,相

互衔接,增强效力。

三是实事求是,兼顾国际经验与我国国情。我国资本市场仍处于"新兴加转轨"阶段,在借鉴国际经验的同时注意与我国国情相适应,对于符合资本市场实际和发展需要的大胆改革,能改尽改;对尚不具备条件的,在研究后暂不修改。

(三)充分沟通,向世界银行专家准确传递中国的改革措施

中国证监会会同有关单位,有针对性地推进了以下工作:一是与世界银行专家保持密切沟通,多次通过现场和视频会议、面对面等方式进行交流,连续两年派员前往世界银行华盛顿总部现场磋商,日常通过邮件及时提供世界银行所需资料。二是深入分析世界银行评估方法论,把握其评估关注的重点,用"世界银行的语言"与之沟通,防止出现所答非所问的情况。三是系统整理法规制度条款,提炼政策法规要点,同时提供大量翔实案例与数据,辅以说理论证,准确反馈改革政策信息,确保沟通质量。四是推荐熟悉资本市场法规制度的专家作为世界银行问卷调查的备选对象,特别重视翻译工作的重要性,对修订的规则制度及时翻译上传官网,向世界银行专家提供20余部法律法规、规章和规则的权威英文译本,配备熟悉业务的翻译人员,为世界银行在收集数据、政策磋商过程中能够得到准确信息奠定良好基础。

(四)加强宣介,帮助市场主体全面了解相关政策法规

"保护中小投资者"指标的评估方法是通过对律师等专业人员的访谈和调查问卷来收集数据。中国证监会会同北京、上海市政府共同开展了对律师等中介机构的宣介工作,编写培训材料,宣讲政策法规的改革背景和内容,帮助中介机构全面、系统、准确理解政策法规,为世界银行更好地从市场主体角度核验改革举措奠定基础。

附录 1

投资者保护工作大事记

（2011 年 5 月—2021 年 11 月）

2011 年

5 月 20 日　中央机构编制委员会办公室批复同意中国证监会设立投资者保护局。

9 月 13 日　中国证监会决定成立投保局筹备组。

12 月 31 日　中国证监会印发《关于中国证监会投资者保护局主要职责、内设机构和人员编制的通知》（证监发〔2011〕85 号），明确投保局机构设置事项。

2012 年

1 月 10 日　中国证监会就投保局成立事宜召开媒体见面会，通报投保局成立背景、职责定位、主要工作思路和要点等。

2 月 27 日　中国证监会投保局组织首次在中央电视台等媒体及全国2300 多家证券期货营业场所软件盘面上滚动播出警示教育词条。

5 月 3 日　中国证监会投保局与上海证券报联合开设"投资者保护进

行时"专栏,首次与媒体合作开展投资者保护工作。

5月8日　中国证监会投保局编印投资者教育手册——《近期投资者关注热点 50 问》,这是投保局成立后开发的首个投资者教育产品。

8月8日　中国证监会投保局联合上海证券交易所、中国证券业协会以"增强风险防范意识、倡导理性投资理念"为主题,制作《股市投资学问大,入市知识不可少》《买股票,知风险,不盲动,量力行》和《请勿盲目选择股票,养成良好投资习惯》三部投资者教育公益广告,在中央电视台财经频道等持续播放。

8月20日　中国证监会投保局组织开展为期 3 个月的"积极回报投资者"主题宣传活动,督促上市公司树立主动服务、回报投资者的责任意识。

11月23日　中国证监会投保局在湖南长沙组织召开投资者保护工作第一次联席会议,建立投资者保护工作联席会议制度。

2013 年

5月10日　在万福生科欺诈发行案中,平安证券作为万福生科首次公开发行并上市的保荐机构及主承销商,出资设立专项基金,先行赔付投资者,然后通过法律途径向万福生科的主要责任方及连带责任方追偿。这是我国资本市场首个由保荐机构主动出资先行赔付投资者损失的案例。截至 7月3日,补偿资金全部付至适格投资者账户,共计 12756 名投资者获得 178565084 元赔偿。

6月　国际证监会组织设立中小投资者委员会,主要负责中小投资者教育和金融知识普及的政策性工作,并就中小投资者保护领域的新兴问题提出政策建议。中国证监会推荐投保局负责人担任委员。

9月6日　中国证监会开通"12386"服务热线,以公益性服务方式,进一步拓宽投资者诉求处理渠道。

12月25日 国务院办公厅发布《国务院办公厅关于进一步加强资本市场中小投资者合法权益保护工作的意见》（国办发〔2013〕110号），提出9方面80多项政策举措，首次在国务院文件层面构建了专门的中小投资者保护制度体系。

2014 年

1月6日 中国证监会召开加强中小投资者保护工作会议，学习贯彻《国务院办公厅关于进一步加强资本市场中小投资者合法权益保护工作的意见》，部署加强中小投资者保护工作。

7月18日 在海联讯虚假陈述案中，大股东出资设立专项基金，先行赔付投资者。这是我国资本市场首个大股东主动出资先行赔付投资者损失的案例。截至9月10日，共补偿适格投资者9823人，金额88827698元。

10月17日 中国证监会投保局与香港证监会机构事务部签署《沪港通投资者诉求处理合作安排》，与香港投资者教育中心签署《沪港通投资者教育合作安排》。

12月5日 中国证监会批准设立公益性投资者保护机构中证中小投资者服务中心有限责任公司，为中小投资者自主维权提供教育、法律、信息、技术等服务，并负责中国投资者网网站的运营。

2015 年

1月1日 中国证监会投保局首次通过中央人民广播电台部委新年贺词的方式提醒广大投资者提高风险意识和增强自我保护能力，创新了风险提示方式。

5 月 15 日 中国证监会启动"公平在身边"投资者保护专项活动。该活动历时三年,编印了《"公平在身边"投资者保护系列丛书》口袋书,帮助投资者培育理性投资意识,提高自我保护能力。

"12386"中国证监会服务热线实现全国直拨,免除了投资者长途话费,降低了投资者投诉成本。

9 月 8 日 中国证监会公布《关于加强证券期货投资者教育基地建设的指导意见》及《首批投资者教育基地申报工作指引》(证监会公告〔2015〕23 号),建立投资者教育基地命名制度,推动投资者教育平台化。

9 月 18 日 中国证监会投保局指导中国证券投资者保护基金有限责任公司首度开展 2015 年市场主体电话畅通情况专项调查,调查各类市场主体电话畅通情况、回答问题有效性及服务态度情况。

12 月 22 日 中国证监会投保局指导投保基金公司首次发布《中国资本市场投资者保护状况白皮书》,对资本市场投资者保护状况进行评价。

2016 年

2 月 19 日 中国证监会批准投服中心在上海、广东(不含深圳)、湖南 3 个辖区开展持股行权试点工作,持有上市公司每家一手股票,以股东身份依法行使权利,示范引领中小投资者主动行权,促进规范上市公司治理。

3 月 23 日 中国证监会公布《首批全国证券期货投资者教育基地名单》(证监会公告〔2016〕5 号),13 家全国证券期货投资者教育基地获得命名。

5 月 6 日 中国证监会正式授牌首批全国证券期货投资者教育基地,并在京召开投资者教育座谈会。

5 月 13 日 中国证监会以"正确认识私募 远离非法投资"为主题,组织开展为期两个月的私募基金投资者权益保护专项教育活动。

5 月 25 日 最高人民法院与中国证监会联合发布《关于在全国部分地区开展证券期货纠纷多元化解机制试点工作的通知》(法〔2016〕149 号),建立健全有机衔接、协调联动、高效便民的多元化纠纷解决机制。

7 月 13 日 最高人民法院与中国证监会联合召开全国证券期货纠纷多元化解机制试点工作推进会,就推动证券期货纠纷多元化解机制试点工作提出要求。

7 月 20 日 投服中心就匹凸匹金融信息服务(上海)股份有限公司虚假陈述案提起首例证券支持诉讼。

11 月 3 日 中国证监会投保局参与国际证监会组织中小投资者委员会重点工作项目——"世界投资者周"项目方案制定,并应邀成为该项目的亚太地区协调员。

11 月 8 日 中国证监会投保局与香港证监会机构事务部签署《内地与香港股票市场交易互联互通机制投资者诉求处理合作安排》,与香港投资者教育中心方面签署《内地与香港股票市场交易互联互通机制投资者教育合作安排》。

12 月 12 日 中国证监会发布《证券期货投资者适当性管理办法》(证监会令第 130 号),构建证券期货市场统一的投资者适当性管理体系。该办法于 2017 年 7 月 1 日正式实施。

12 月 22 日 中国证监会发布《第二批证券期货投资者教育基地申报工作指引》(证监会公告〔2016〕36 号),启动第二批投资者教育基地申报命名工作。

2017 年

3 月 1 日 "12386"服务热线在北京辖区启动投诉直转市场机构试点工作。

3 月 17 日 投服中心提起上海绿新虚假陈述案证券支持诉讼,并尝试在全国公开征集因该案受损的适格投资者。

4 月 14 日 中国证监会批准持股行权试点范围从上海、广东(不含深圳)和湖南 3 个辖区扩展至全国。

5 月 5 日 中国证监会启动为期 6 个月的"投资者保护·明规则、识风险"专项活动,以"远离内幕交易""警惕市场操纵""谨防违规信披""防范违规经营"为主题分 4 个阶段持续开展。

6 月 7 日 中国证监会中央监管信息平台投资者保护监管系统正式上线试运行,一年后正式运行。

6 月 19 日 在欣泰电气欺诈发行案中,保荐机构兴业证券出资设立专项基金,先行赔付投资者。欣泰电气是我国资本市场因欺诈发行而被强制退市的"第一股",也是第一个实施先行赔付后退市的案例。截至 10 月 30 日,共补偿适格投资者 11727 人,金额 241981273 元。

11 月 16 日 中国证监会公布《第二批全国证券期货投资者教育基地名单》(证监会公告〔2017〕20 号),16 家全国证券期货投资者教育基地获得命名。

11 月 28 日 中国证监会参加世界银行《全球营商环境报告》评估工作,牵头"保护中小投资者"指标。

2018 年

1 月 16 日 中国证监会为第二批全国证券期货投资者教育基地授牌。

3 月 2 日 中国证监会组织开展为期两个月的"理性投资 从我做起"投资者教育专项活动。

5 月 22 日 中国证监会开通中国投资者网。

5 月 28 日 首届"股东来了"投资者权益保护知识竞赛启动。

6 月 8 日 中国证监会发布《证券期货投资者教育基地监管指引》（证监会公告〔2018〕5 号）。

6 月 28 日 中国证监会投保局负责人参加《央视财经评论》节目，解读《证券期货投资者适当性管理办法》实施意义与作用。

9 月 26 日 中国证监会投保局指导投服中心成功举办主题为"开拓服务新模式，谱写投保新篇章"的首届中小投资者服务论坛。

10 月 22 日 中国证监会发布《关于"12386"中国证监会服务热线运行有关事项的公告》（证监会公告〔2018〕32 号），进一步明晰热线的诉求接收转办机制。

10 月 31 日 世界银行发布《2019 年全球营商环境报告》，中国的综合排名从 2017 年的第 78 位提升至 2018 年的第 46 位，其中"保护中小投资者"单项指标从 2017 年的第 119 位提升至第 64 位，是当年进步最大的指标之一。

11 月 13 日 最高人民法院与中国证监会联合发布《关于全面推进证券期货纠纷多元化解机制建设的意见》（法〔2018〕305 号），将证券期货纠纷多元化解机制由试点转为全面实施。

12 月 4 日 中国证监会发布《第三批证券期货投资者教育基地申报工作指引》（证监会公告〔2018〕40 号），启动第三批基地申报命名工作。

12 月 7 日　中国证监会投保局联合深圳证券交易所制作《股市投资路理性每一步》投资者教育公益广告,在中央电视台、中国投资者网、地方媒体等持续播放。

2019 年

1 月 2 日　中国证监会以《国务院办公厅关于进一步加强资本市场中小投资者合法权益保护工作的意见》实施 5 周年为契机,组织各系统单位、会内部门开展实施情况评估总结工作。

1 月 16—18 日　中国证监会在杭州成功承办国际证监会组织中小投资者委员会工作例会。

3 月 8 日　中国证监会组织开展"走近科创　你我同行"投资者教育专项活动,引导广大投资者正确认识科创板设立及注册制试点改革,理性参与科创板投资。

中国证监会联合教育部印发《关于加强证券期货知识普及教育的合作备忘录》(证监发〔2019〕29 号),进一步推动投资者教育纳入国民教育体系。

3 月 22 日　中国证监会成立投资者保护工作领导小组,进一步加强对证券期货市场投资者保护工作的统一领导。

3 月 29 日　中国证监会投保局指导投保基金公司首次完成全国股票市场投资者状况调查,客观反映我国股票市场投资者结构、特征、变化趋势,为改进监管工作提供参考。

4 月 3 日　中国证监会发布《关于设立"5·15 全国投资者保护宣传日"的决定》(证监会公告〔2019〕12 号),建立起监管部门主导推动、相关部门联动、行业主动尽责、公众积极参与的投资者保护工作长效机制。

4 月 29 日 "12386"中国证监会服务热线投诉直转范围扩大到北京、上海、江苏、广东、深圳 5 个辖区,覆盖 330 余家经营机构总部及其 8800 余家全国分支机构。

5 月 6 日 第二届"股东来了"投资者权益保护知识竞赛启动。

5 月 15 日 中国证监会在北京举行首个"全国投资者保护宣传日"启动仪式,主题是"心系投资者 携手共行动"。

8 月 7 日 4 名投资者诉方正科技虚假陈述案获得终审判决,上海金融法院将其他平行案件委托证券期货调解组织进行调解,标志首次适用证券群体性纠纷"示范判决+专业调解+司法确认"机制。

9 月 6 日 中国证监会投保局指导投服中心举办主题为"强化适当性管理 维护投资者权益"的第二届中小投资者服务论坛。

10 月 23 日 世界银行发布《2020 年全球营商环境报告》,中国综合排名提升至第 31 位,其中"保护中小投资者"单项指标再度提升至第 28 位。

12 月 27 日 中国证监会组织开展"三板新风 携手向前"为主题的投资者教育专项活动,引导广大投资者正确认识新三板改革,理性参与新三板投资。

12 月 28 日 全国人大常委会审议通过修订后的《中华人民共和国证券法》,2020 年 3 月 1 日正式施行。新《证券法》增设"投资者保护"专章,对长期以来投资者保护工作的重点难点问题进行了系统性规定。

2020 年

1 月 2 日 中国证监会平稳实施"12386"服务热线投诉直转范围扩大到全国,大幅提高投资者诉求处理质效。

1 月 3 日 中国证监会公布《第三批全国证券期货投资者教育基地名

单》(证监会公告〔2020〕2 号),24 家全国证券期货投资者教育基地获得命名。

1 月 17 日　中证资本市场法律服务中心成立,作为全国性证券期货纠纷专业调解组织,为全国范围的投资者提供纠纷调解等服务。

3 月 13 日　中国证监会与最高人民法院共同推动"人民法院调解平台"与"中国投资者网证券期货纠纷在线解决平台"初步实现数据交换,探索建立在线诉调对接机制。

5 月 12 日　中国证监会组织开展"创业创新 共迎发展"创业板改革投资者教育专项活动。

5 月 15 日　中国证监会开展第二届"5·15 全国投资者保护宣传日"活动,主题为"学习贯彻新《证券法》保护投资者合法权益"。启动"诚实守信 做受尊敬的上市公司"投资者保护专项行动。

6 月 12 日　中国证监会投保局指导中国证券投资基金业协会首次开展全国公募基金投资者状况调查,提出对基金行业发展以及基金投资者保护的意见建议。

6 月 28 日　中国证监会印发《证券期货纠纷调解工作指引》(证监办发〔2020〕32 号)。

7 月 31 日　最高人民法院发布《关于证券纠纷代表人诉讼若干问题的规定》(法释〔2020〕5 号)。中国证监会印发《关于做好投资者保护机构参加证券纠纷特别代表人诉讼相关工作的通知》(证监发〔2020〕67 号)。投服中心发布《中证中小投资者服务中心特别代表人诉讼业务规则(试行)》。

8 月 10 日　第三届"股东来了"投资者权益保护知识竞赛启动。

8 月 20 日　中国证监会投保局指导期货市场监控中心首次开展调查并发布《全国期货市场交易者状况调查报告》。

9 月 4 日　中国证监会投保局指导投服中心举办主题为"落实证券法

实施 促进投资者保护"的第三届中小投资者服务论坛。

11 月 13 日 中国证监会发布《第四批证券期货投资者教育基地申报工作指引》(证监会公告〔2020〕67 号),启动第四批基地申报命名工作。

12 月 3 日 中国证监会投保局组织中国证券业协会等 4 家行业协会向市场经营主体发出"畅通服务热线 搭建沟通桥梁"倡议书。

12 月 31 日 11 名投资者就康美药业虚假陈述案向广州中院提起普通代表人诉讼。

2021 年

1 月 27 日 国际证监会组织官网发布由中国证监会牵头完成的《全球中小投资者诉求处理与权益救济报告》,这是我国首次在投资者保护领域牵头国际文件制定工作。

3 月 26 日 广州中院发布康美药业普通代表人诉讼权利登记公告,投服中心发布接收投资者委托的说明并通知上市公司。

4 月 16 日 广州中院发布康美药业特别代表人诉讼权利登记公告,我国首单证券纠纷特别代表人诉讼正式启动。投服中心将依法作为代表人参与诉讼。

5 月 15 日 中国证监会以"守初心担使命 为投资者办实事"为主题开展第三届"5·15 全国投资者保护宣传日"活动,全面开通证券期货纠纷在线诉调对接系统,推荐最受投资者欢迎的十大投教产品。

中国证监会启动"重走百年路 投教红色行"专项活动,以多种形式开展党史、资本市场发展史宣讲以及投资者教育,历时一个半月,以此纪念建党一百周年。

8 月 4 日 最高人民法院办公厅与中国证监会办公厅联合印发《关于

建立"总对总"证券期货纠纷在线诉调对接机制的通知》(法办〔2021〕313号),对实现"人民法院调解平台"与"中国投资者网在线调解平台"系统对接,提供多元调解、司法确认、登记立案等一站式、全流程在线解纷服务提出明确要求。

9月3日 中国证监会投保局指导投服中心举办主题为"提高上市公司质量,保障投资者合法权益"的第四届中小投资者服务论坛。

9月22日 中国证监会公布《第四批全国证券期货投资者教育基地名单》(证监会公告〔2021〕22号),18家全国证券期货投资者教育基地获得命名。

9月23日 中国证监会为第四批全国证券期货投资者教育基地授牌。

11月5日 中国证监会以"牵手北交所,共迎新起点"为主题,组织开展深化新三板改革,设立北京证券交易所投资者教育专项活动。

11月12日 广州中院对康美药业特别代表人诉讼案依法作出一审宣判,判决赔偿52037名投资者24.59亿元。

附录 2

投资者保护主要制度

中华人民共和国证券法

（2019 年修订　节选）

第一章　总　　则

第一条　为了规范证券发行和交易行为,保护投资者的合法权益,维护社会经济秩序和社会公共利益,促进社会主义市场经济的发展,制定本法。

第二条　在中华人民共和国境内,股票、公司债券、存托凭证和国务院依法认定的其他证券的发行和交易,适用本法;本法未规定的,适用《中华人民共和国公司法》和其他法律、行政法规的规定。

政府债券、证券投资基金份额的上市交易,适用本法;其他法律、行政法规另有规定的,适用其规定。

资产支持证券、资产管理产品发行、交易的管理办法,由国务院依照本法的原则规定。

在中华人民共和国境外的证券发行和交易活动,扰乱中华人民共和国境内市场秩序,损害境内投资者合法权益的,依照本法有关规定处理并追究法律责任。

第三条　证券的发行、交易活动,必须遵循公开、公平、公正的原则。

第四条　证券发行、交易活动的当事人具有平等的法律地位,应当遵守自愿、有偿、诚实信用的原则。

第五条　证券的发行、交易活动,必须遵守法律、行政法规;禁止欺诈、内幕交易和操纵证券市场的行为。

第六条　证券业和银行业、信托业、保险业实行分业经营、分业管理,证券公司与银行、信托、保险业务机构分别设立。国家另有规定的除外。

第七条　国务院证券监督管理机构依法对全国证券市场实行集中统一监督管理。

国务院证券监督管理机构根据需要可以设立派出机构,按照授权履行监督管理职责。

第八条　国家审计机关依法对证券交易场所、证券公司、证券登记结算机构、证券监督管理机构进行审计监督。

第六章　投资者保护

第八十八条　证券公司向投资者销售证券、提供服务时,应当按照规定充分了解投资者的基本情况、财产状况、金融资产状况、投资知识和经验、专业能力等相关信息;如实说明证券、服务的重要内容,充分揭示投资风险;销售、提供与投资者上述状况相匹配的证券、服务。

投资者在购买证券或者接受服务时,应当按照证券公司明示的要求提供前款所列真实信息。拒绝提供或者未按照要求提供信息的,证券公司应当告知其后果,并按照规定拒绝向其销售证券、提供服务。

证券公司违反第一款规定导致投资者损失的,应当承担相应的赔偿责任。

第八十九条　根据财产状况、金融资产状况、投资知识和经验、专业能力等因素,投资者可以分为普通投资者和专业投资者。专业投资者的标准由国务院证券监督管理机构规定。

普通投资者与证券公司发生纠纷的,证券公司应当证明其行为符合法律、行政法规以及国务院证券监督管理机构的规定,不存在误导、欺诈等情形。证券公司不能证明的,应当承担相应的赔偿责任。

第九十条　上市公司董事会、独立董事、持有百分之一以上有表决权股份的股东或者依照法律、行政法规或者国务院证券监督管理机构的规定设立的投资者保护机构(以下简称投资者保护机构),可以作为征集人,自行或者委托证券公司、证券服务机构,公开请求上市公司股东委托其代为出席股东大会,并代为行使提案权、表决权等股东权利。

依照前款规定征集股东权利的,征集人应当披露征集文件,上市公司应当予以配合。

禁止以有偿或者变相有偿的方式公开征集股东权利。

公开征集股东权利违反法律、行政法规或者国务院证券监督管理机构有关规定,导致上市公司或者其股东遭受损失的,应当依法承担赔偿责任。

第九十一条　上市公司应当在章程中明确分配现金股利的具体安排和决策程序,依法保障股东的资产收益权。

上市公司当年税后利润,在弥补亏损及提取法定公积金后有盈余的,应当按照公司章程的规定分配现金股利。

第九十二条　公开发行公司债券的,应当设立债券持有人会议,并应当在募集说明书中说明债券持有人会议的召集程序、会议规则和其他重要事项。

公开发行公司债券的,发行人应当为债券持有人聘请债券受托管理人,并订立债券受托管理协议。受托管理人应当由本次发行的承销机构或者其他经国务院证券监督管理机构认可的机构担任,债券持有人会议可以决议变更债券受托管理人。债券受托管理人应当勤勉尽责,公正履行受托管理职责,不得损害债券持有人利益。

债券发行人未能按期兑付债券本息的,债券受托管理人可以接受全部或者部分债券持有人的委托,以自己名义代表债券持有人提起、参加民事诉讼或者清算程序。

第九十三条 发行人因欺诈发行、虚假陈述或者其他重大违法行为给投资者造成损失的,发行人的控股股东、实际控制人、相关的证券公司可以委托投资者保护机构,就赔偿事宜与受到损失的投资者达成协议,予以先行赔付。先行赔付后,可以依法向发行人以及其他连带责任人追偿。

第九十四条 投资者与发行人、证券公司等发生纠纷的,双方可以向投资者保护机构申请调解。普通投资者与证券公司发生证券业务纠纷,普通投资者提出调解请求的,证券公司不得拒绝。

投资者保护机构对损害投资者利益的行为,可以依法支持投资者向人民法院提起诉讼。

发行人的董事、监事、高级管理人员执行公司职务时违反法律、行政法规或者公司章程的规定给公司造成损失,发行人的控股股东、实际控制人等侵犯公司合法权益给公司造成损失,投资者保护机构持有该公司股份的,可以为公司的利益以自己的名义向人民法院提起诉讼,持股比例和持股期限不受《中华人民共和国公司法》规定的限制。

第九十五条 投资者提起虚假陈述等证券民事赔偿诉讼时,诉讼标的是同一种类,且当事人一方人数众多的,可以依法推选代表人进行诉讼。

对按照前款规定提起的诉讼,可能存在有相同诉讼请求的其他众多投资者的,人民法院可以发出公告,说明该诉讼请求的案件情况,通知投资者在一定期间向人民法院登记。人民法院作出的判决、裁定,对参加登记的投资者发生效力。

投资者保护机构受五十名以上投资者委托,可以作为代表人参加诉讼,并为经证券登记结算机构确认的权利人依照前款规定向人民法院登记,但投资者明确表示不愿意参加该诉讼的除外。

第十二章　证券监督管理机构

第一百六十八条　国务院证券监督管理机构依法对证券市场实行监督管理,维护证券市场公开、公平、公正,防范系统性风险,维护投资者合法权益,促进证券市场健康发展。

第一百六十九条　国务院证券监督管理机构在对证券市场实施监督管理中履行下列职责:

(一)依法制定有关证券市场监督管理的规章、规则,并依法进行审批、核准、注册,办理备案;

(二)依法对证券的发行、上市、交易、登记、存管、结算等行为,进行监督管理;

(三)依法对证券发行人、证券公司、证券服务机构、证券交易场所、证券登记结算机构的证券业务活动,进行监督管理;

(四)依法制定从事证券业务人员的行为准则,并监督实施;

(五)依法监督检查证券发行、上市、交易的信息披露;

(六)依法对证券业协会的自律管理活动进行指导和监督;

(七)依法监测并防范、处置证券市场风险;

(八)依法开展投资者教育;

(九)依法对证券违法行为进行查处;

(十)法律、行政法规规定的其他职责。

第一百七十条　国务院证券监督管理机构依法履行职责,有权采取下列措施:

（一）对证券发行人、证券公司、证券服务机构、证券交易场所、证券登记结算机构进行现场检查；

（二）进入涉嫌违法行为发生场所调查取证；

（三）询问当事人和与被调查事件有关的单位和个人，要求其对与被调查事件有关的事项作出说明；或者要求其按照指定的方式报送与被调查事件有关的文件和资料；

（四）查阅、复制与被调查事件有关的财产权登记、通讯记录等文件和资料；

（五）查阅、复制当事人和与被调查事件有关的单位和个人的证券交易记录、登记过户记录、财务会计资料及其他相关文件和资料；对可能被转移、隐匿或者毁损的文件和资料，可以予以封存、扣押；

（六）查询当事人和与被调查事件有关的单位和个人的资金账户、证券账户、银行账户以及其他具有支付、托管、结算等功能的账户信息，可以对有关文件和资料进行复制；对有证据证明已经或者可能转移或者隐匿违法资金、证券等涉案财产或者隐匿、伪造、毁损重要证据的，经国务院证券监督管理机构主要负责人或者其授权的其他负责人批准，可以冻结或者查封，期限为六个月；因特殊原因需要延长的，每次延长期限不得超过三个月，冻结、查封期限最长不得超过二年；

（七）在调查操纵证券市场、内幕交易等重大证券违法行为时，经国务院证券监督管理机构主要负责人或者其授权的其他负责人批准，可以限制被调查的当事人的证券买卖，但限制的期限不得超过三个月；案情复杂的，可以延长三个月；

（八）通知出境入境管理机关依法阻止涉嫌违法人员、涉嫌违法单位的主管人员和其他直接责任人员出境。

为防范证券市场风险，维护市场秩序，国务院证券监督管理机构可以采取责令改正、监管谈话、出具警示函等措施。

第一百七十一条 国务院证券监督管理机构对涉嫌证券违法的单位或者个人进行调查期间,被调查的当事人书面申请,承诺在国务院证券监督管理机构认可的期限内纠正涉嫌违法行为,赔偿有关投资者损失,消除损害或者不良影响的,国务院证券监督管理机构可以决定中止调查。被调查的当事人履行承诺的,国务院证券监督管理机构可以决定终止调查;被调查的当事人未履行承诺或者有国务院规定的其他情形的,应当恢复调查。具体办法由国务院规定。

国务院证券监督管理机构决定中止或者终止调查的,应当按照规定公开相关信息。

第一百七十二条 国务院证券监督管理机构依法履行职责,进行监督检查或者调查,其监督检查、调查的人员不得少于二人,并应当出示合法证件和监督检查、调查通知书或者其他执法文书。监督检查、调查的人员少于二人或者未出示合法证件和监督检查、调查通知书或者其他执法文书的,被检查、调查的单位和个人有权拒绝。

第一百七十三条 国务院证券监督管理机构依法履行职责,被检查、调查的单位和个人应当配合,如实提供有关文件和资料,不得拒绝、阻碍和隐瞒。

第一百七十四条 国务院证券监督管理机构制定的规章、规则和监督管理工作制度应当依法公开。

国务院证券监督管理机构依据调查结果,对证券违法行为作出的处罚决定,应当公开。

第一百七十五条 国务院证券监督管理机构应当与国务院其他金融监督管理机构建立监督管理信息共享机制。

国务院证券监督管理机构依法履行职责,进行监督检查或者调查时,有关部门应当予以配合。

第一百七十六条　对涉嫌证券违法、违规行为,任何单位和个人有权向国务院证券监督管理机构举报。

对涉嫌重大违法、违规行为的实名举报线索经查证属实的,国务院证券监督管理机构按照规定给予举报人奖励。

国务院证券监督管理机构应当对举报人的身份信息保密。

第一百七十七条　国务院证券监督管理机构可以和其他国家或者地区的证券监督管理机构建立监督管理合作机制,实施跨境监督管理。

境外证券监督管理机构不得在中华人民共和国境内直接进行调查取证等活动。未经国务院证券监督管理机构和国务院有关主管部门同意,任何单位和个人不得擅自向境外提供与证券业务活动有关的文件和资料。

第一百七十八条　国务院证券监督管理机构依法履行职责,发现证券违法行为涉嫌犯罪的,应当依法将案件移送司法机关处理;发现公职人员涉嫌职务违法或者职务犯罪的,应当依法移送监察机关处理。

第一百七十九条　国务院证券监督管理机构工作人员必须忠于职守、依法办事、公正廉洁,不得利用职务便利牟取不正当利益,不得泄露所知悉的有关单位和个人的商业秘密。

国务院证券监督管理机构工作人员在任职期间,或者离职后在《中华人民共和国公务员法》规定的期限内,不得到与原工作业务直接相关的企业或者其他营利性组织任职,不得从事与原工作业务直接相关的营利性活动。

国务院办公厅关于进一步加强资本市场
中小投资者合法权益保护工作的意见

（2013 年 12 月 25 日　国办发〔2013〕110 号）

各省、自治区、直辖市人民政府，国务院各部委、各直属机构：

中小投资者是我国现阶段资本市场的主要参与群体，但处于信息弱势地位，抗风险能力和自我保护能力较弱，合法权益容易受到侵害。维护中小投资者合法权益是证券期货监管工作的重中之重，关系广大人民群众切身利益，是资本市场持续健康发展的基础。近年来，我国中小投资者保护工作取得了积极成效，但与维护市场"公开、公平、公正"和保护广大投资者合法权益的要求相比还有较大差距。为贯彻落实党的十八大、十八届三中全会精神和国务院有关要求，进一步加强资本市场中小投资者合法权益保护工作，经国务院同意，现提出如下意见。

一、健全投资者适当性制度

制定完善中小投资者分类标准。根据我国资本市场实际情况，制定并公开中小投资者分类标准及依据，并进行动态评估和调整。进一步规范不同层次市场及交易品种的投资者适当性制度安排，明确适合投资者参与的范围和方式。

科学划分风险等级。证券期货经营机构和中介机构应当对产品或者服务的风险进行评估并划分风险等级。推荐与投资者风险承受和识别能力相适应的产品或者服务，向投资者充分说明可能影响其权利的信息，不得误导、欺诈客户。

进一步完善规章制度和市场服务规则。证券期货经营机构和中介机构应当建立执业规范和内部问责机制，销售人员不得以个人名义接受客户委托从事交易;明确提示投资者如实提供资料信息,对收集的个人信息要严格保密、确保安全,不得出售或者非法提供给他人。严格落实投资者适当性制度并强化监管,违反适当性管理规定给中小投资者造成损失的,要依法追究责任。

二、优化投资回报机制

引导和支持上市公司增强持续回报能力。上市公司应当完善公司治理,提高盈利能力,主动积极回报投资者。公司首次公开发行股票、上市公司再融资或者并购重组摊薄即期回报的,应当承诺并兑现填补回报的具体措施。

完善利润分配制度。上市公司应当披露利润分配政策尤其是现金分红政策的具体安排和承诺。对不履行分红承诺的上市公司,要记入诚信档案,未达到整改要求的不得进行再融资。独立董事及相关中介机构应当对利润分配政策是否损害中小投资者合法权益发表明确意见。

建立多元化投资回报体系。完善股份回购制度,引导上市公司承诺在出现股价低于每股净资产等情形时回购股份。研究建立"以股代息"制度,丰富股利分配方式。对现金分红持续稳定的上市公司,在监管政策上给予扶持。制定差异化的分红引导政策。完善除权除息制度安排。

发展服务中小投资者的专业化中介机构。鼓励开发适合中小投资者的产品。鼓励中小投资者通过机构投资者参与市场。基金管理人应当切实履行分红承诺,并努力创造良好投资回报。鼓励基金管理费率结构及水平多样化,形成基金管理人与基金份额持有人利益一致的费用模式。

三、保障中小投资者知情权

增强信息披露的针对性。有关主体应当真实、准确、完整、及时地披露对投资决策有重大影响的信息,披露内容做到简明易懂,充分揭示风险,方便中小投资者查阅。健全内部信息披露制度和流程,强化董事会秘书等相关人员职责。制定自愿性和简明化的信息披露规则。

提高市场透明度。对显著影响证券期货交易价格的信息,交易场所和有关主体要及时履行报告、信息披露和提示风险的义务。建立统一的信息披露平台。健全跨市场交易产品及突发事件信息披露机制。健全信息披露异常情形问责机制,加大对上市公司发生敏感事件时信息披露的动态监管力度。

切实履行信息披露职责。上市公司依法公开披露信息前,不得非法对他人提供相关信息。上市公司控股股东、实际控制人在信息披露文件中的承诺须具体可操作,特别是应当就赔偿或者补偿责任作出明确承诺并切实履行。上市公司应当明确接受投资者问询的时间和方式,健全舆论反应机制。

四、健全中小投资者投票机制

完善中小投资者投票等机制。引导上市公司股东大会全面采用网络投票方式。积极推行累积投票制选举董事、监事。上市公司不得对征集投票权提出最低持股比例限制。完善上市公司股东大会投票表决第三方见证制度。研究完善中小投资者提出罢免公司董事提案的制度。自律组织应当健全独立董事备案和履职评价制度。

建立中小投资者单独计票机制。上市公司股东大会审议影响中小投资者利益的重大事项时,对中小投资者表决应当单独计票。单独计票结果应当及时公开披露,并报送证券监管部门。

保障中小投资者依法行使权利。健全利益冲突回避、杜绝同业竞争和关联交易公平处理制度。上市公司控股股东、实际控制人不得限制或者阻挠中小投资者行使合法权利,不得损害公司和中小投资者的权益。健全公开发行公司债券持有人会议制度和受托管理制度。基金管理人须为基金份额持有人行使投票权提供便利,鼓励中小投资者参加持有人大会。

五、建立多元化纠纷解决机制

完善纠纷解决机制。上市公司及证券期货经营机构等应当承担投资者投诉处理的首要责任,完善投诉处理机制并公开处理流程和办理情况。证券监管部门要健全登记备案制度,将投诉处理情况作为衡量相关主体合规管理水平的依据。支持投资者与市场经营主体协商解决争议或者达成和解协议。

发挥第三方机构作用。支持自律组织、市场机构独立或者联合依法开展证券期货专业调解,为中小投资者提供免费服务。开展证券期货仲裁服务,培养专业仲裁力量。建立调解与仲裁、诉讼的对接机制。

加强协调配合。有关部门配合司法机关完善相关侵权行为民事诉讼制度。优化中小投资者依法维权程序,降低维权成本。健全适应资本市场中小投资者民事侵权赔偿特点的救济维权工作机制。推动完善破产清偿中保护投资者的措施。

六、健全中小投资者赔偿机制

督促违规或者涉案当事人主动赔偿投资者。对上市公司违法行为负有责任的控股股东及实际控制人,应当主动、依法将其持有的公司股权及其他资产用于赔偿中小投资者。招股说明书虚假记载、误导性陈述或者重大遗漏致使投资者遭受损失的,责任主体须依法赔偿投资者,中介机构也应当承担相应责任。基金管理人、托管人等未能履行勤勉尽责义务造成基金份额持有人财产损失的,应当依法赔偿。

建立上市公司退市风险应对机制。因违法违规而存在退市风险的上市公司,在定期报告中应当对退市风险作专项评估,并提出应对预案。研究建立公开发行公司债券的偿债基金制度。上市公司退市引入保险机制,在有关责任保险中增加退市保险附加条款。健全证券中介机构职业保险制度。

完善风险救助机制。证券期货经营机构和基金管理人应当在现有政策框架下,利用计提的风险准备金完善自主救济机制,依法赔偿投资者损失。研究实行证券发行保荐质保金制度和上市公司违规风险准备金制度。探索建立证券期货领域行政和解制度,开展行政和解试点。研究扩大证券投资者保护基金和期货投资者保障基金使用范围和来源。

七、加大监管和打击力度

完善监管政策。证券监管部门应当把维护中小投资者合法权益贯穿监管工作始终,落实到各个环节。对纳入行政许可、注册或者备案管理的证券期货行为,证券监管部门应当建立起相应的投资者合法权益保护安排。建立限售股股东减持计划预披露制度,在披露之前有关股东不得转让股票。鼓励限售股股东主动延长锁定期。建立覆盖全市场的诚信记录数据库,并实现部门之间共享。健全中小投资者查询市场经营主体诚信状况的机制。建立守信激励和失信惩戒机制。

坚决查处损害中小投资者合法权益的违法行为。严肃查处上市公司不当更正盈利预测报告、未披露导致股价异动事项、先于指定媒体发布信息、以新闻发布替代应履行公告义务、编造或传播虚假信息误导投资者,以及进行内幕交易和操纵市场等行为。坚决打击上市公司控股股东、实际控制人直接或者间接转移、侵占上市公司资产。建立证券期货违法案件举报奖励制度。

强化执法协作。各地区、各部门要统一认识,密切配合,严厉打击各类证券期货违法犯罪活动,及时纠正各类损害中小投资者合法权益的行为。建立侵害中小投资者合法权益事件的快速反应和处置机制,制定和完善应对突发性群体事件预案,做好相关事件处理和维护稳定工作。证券监管部门、公安机关应当不断强化执法协作,完善工作机制,加大提前介入力度。有关部门要配合公安、司法机关完善证券期货犯罪行为的追诉标准及相关司法解释。

八、强化中小投资者教育

加大普及证券期货知识力度。将投资者教育逐步纳入国民教育体系，有条件的地区可以先行试点。充分发挥媒体的舆论引导和宣传教育功能。证券期货经营机构应当承担各项产品和服务的投资者教育义务，保障费用支出和人员配备，将投资者教育纳入各业务环节。

提高投资者风险防范意识。自律组织应当强化投资者教育功能，健全会员投资者教育服务自律规则。中小投资者应当树立理性投资意识，依法行使权利和履行义务，养成良好投资习惯，不听信传言，不盲目跟风，提高风险防范意识和自我保护能力。

九、完善投资者保护组织体系

构建综合保护体系。加快形成法律保护、监管保护、自律保护、市场保护、自我保护的综合保护体系，实现中小投资者保护工作常态化、规范化和制度化。证券监管部门、自律组织以及市场经营主体应当健全组织机构和工作制度，加大资源投入，完善基础设施，畅通与中小投资者的沟通渠道。证券监管部门建立中小投资者合法权益保障检查制度与评估评价体系，并将其作为日常监管和行政许可申请审核的重要依据。

完善组织体系。探索建立中小投资者自律组织和公益性维权组织，向中小投资者提供救济援助，丰富和解、调解、仲裁、诉讼等维权内容和方式。充分发挥证券期货专业律师的作用，鼓励和支持律师为中小投资者提供公益性法律援助。

优化政策环境。证券监管部门要进一步完善政策措施，提高保护中小投资者合法权益的水平。上市公司国有大股东或者实际控制人应当依法行使权利，支持市场经营主体履行法定义务。财政、税收、证券监管部门应当完善交易和分红等相关税费制度，优化投资环境。国务院有关部门和地方人民政府要求上市公司提供未公开信息的，应当遵循法律法规相关规定。

有关部门要完善数据采集发布工作机制,加强信息共享,形成投资者合法权益保护的协调沟通机制。强化国际监管合作与交流,实现投资者合法权益的跨境监管和保护。

最高人民法院 中国证券监督管理委员会关于全面
推进证券期货纠纷多元化解机制建设的意见

（2018 年 11 月 13 日　法〔2018〕305 号）

建设证券期货纠纷多元化解机制，是畅通投资者诉求表达和权利救济渠道、夯实资本市场基础制度和保护投资者合法权益的重要举措。自 2016 年最高人民法院和中国证券监督管理委员会联合下发《关于在全国部分地区开展证券期货纠纷多元化解机制试点工作的通知》（法〔2016〕149 号）以来，试点地区人民法院与证券期货监管机构、试点调解组织加强协调联动，充分发挥纠纷多元化解机制作用，依法、公正、高效化解证券期货纠纷，有效保护投资者的合法权益，试点工作取得积极成效。为贯彻《中共中央办公厅　国务院办公厅关于完善矛盾纠纷多元化解机制的意见》《国务院办公厅关于进一步加强资本市场中小投资者合法权益保护工作的意见》和《最高人民法院关于人民法院进一步深化多元化纠纷解决机制改革的意见》，最高人民法院和中国证券监督管理委员会在总结试点工作经验的基础上，决定在全国联合开展证券期货纠纷多元化解机制建设工作。现就有关事项提出如下意见：

一、工作目标

1. 建立、健全有机衔接、协调联动、高效便民的证券期货纠纷多元化解机制，依法保护投资者的合法权益，维护公开、公平、公正的资本市场秩序，促进资本市场的和谐健康发展。

二、工作原则

2. 依法公正原则。充分尊重投资者的程序选择权，严格遵守法定程序。调解工作的开展不得违反法律的基本原则，不得损害国家利益、社会公共利益和第三人合法权益。

3. 灵活便民原则。着眼于纠纷的实际情况,灵活确定纠纷化解的方式、时间和地点,尽可能方便投资者,降低当事人解决纠纷的成本。调解工作应当明确办理时限,提高工作效率,不得久调不决。

4. 注重预防原则。发挥调解的矛盾预防和源头治理功能,推动健康投资文化、投资理念、投资知识的传播。人民法院、证券期货监管机构及调解组织要加强信息共享,防止矛盾纠纷积累、激化。

三、工作内容

（一）加强调解组织管理

5. 加强证券期货调解组织建设。证券期货调解组织是指由证券期货监管机构、行业组织等设立或实际管理的调解机构,应当具有规范的组织形式、固定的办公场所及调解场地、专业的调解人员和健全的调解工作制度。中国证券监督管理委员会负责证券期货调解组织的认定和管理工作,定期商最高人民法院后公布。

6. 规范调解组织内部管理。调解组织应当制定工作制度和流程管理,建立科学的考核评估体系和责任追究制度。

7. 加强调解员队伍建设。调解组织应当加强调解员政治思想、职业道德建设和专业技能培训,完善调解员从业基本要求,制定调解员工作指南,建立、完善专职或专家调解员制度。

8. 调解组织受理中小投资者的纠纷调解申请,不收取费用。

9. 建立证券期货纠纷特邀调解组织和特邀调解员名册制度。各级人民法院应当将调解组织及其调解员纳入名册,做好动态更新和维护,并向证券期货纠纷当事人提供完整、准确的调解组织和调解员信息,供当事人自愿选择。

（二）健全诉调对接工作机制

10. 证券期货纠纷多元化解机制范围。自然人、法人和非法人组织之间因证券、期货、基金等资本市场投资业务产生的合同和侵权责任纠纷，均属调解范围。证券期货监管机构、调解组织的非诉讼调解、先行赔付等，均可与司法诉讼对接。

11. 调解协议的司法确认制度。经调解组织主持调解达成的调解协议，具有民事合同性质。经调解员和调解组织签字盖章后，当事人可以申请有管辖权的人民法院确认其效力。当事人申请确认调解协议的案件，按照《中华人民共和国民事诉讼法》第十五章第六节和相关司法解释的规定执行。

经人民法院确认有效的具有明确给付主体和给付内容的调解协议，一方拒绝履行的，对方当事人可以申请人民法院强制执行。

12. 落实委派调解或者委托调解机制。人民法院在受理和审理证券期货纠纷的过程中，应当依法充分行使释明权，经双方当事人同意，采取立案前委派、立案后委托、诉中邀请等方式，引导当事人通过调解组织解决纠纷。

经人民法院委派调解并达成调解协议、当事人申请司法确认的，由委派调解的人民法院依法受理。

13. 建立示范判决机制。证券期货监管机构在清理处置大规模群体性纠纷的过程中，可以将涉及投资者权利保护的相关事宜委托调解组织进行集中调解。对虚假陈述、内幕交易、操纵市场等违法行为引发的民事赔偿群体性纠纷，需要人民法院通过司法判决宣示法律规则、统一法律适用的，受诉人民法院可选取在事实认定、法律适用上具有代表性的若干个案作为示范案件，先行审理并及时作出判决；通过示范判决所确立的事实认定和法律适用标准，引导其他当事人通过证券期货纠纷多元化解机制解决纠纷，降低投资者维权成本，提高矛盾化解效率。

14. 建立小额速调机制。为更好化解资本市场纠纷,鼓励证券期货市场经营主体基于自愿原则与调解组织事先签订协议,承诺在一定金额内无条件接受该调解组织提出的调解建议方案。纠纷发生后,经投资者申请,调解组织提出调解建议方案在该金额内的,如投资者同意,视为双方已自愿达成调解协议,证券期货市场经营主体应当接受。当事人就此申请司法确认该调解协议的,人民法院应当依法办理。

15. 探索建立无争议事实记载机制。调解程序终结时,当事人未达成调解协议的,调解员在征得各方当事人同意后,可以用书面形式记载调解过程中双方没有争议的事实,并由当事人签字确认。在诉讼程序中,除涉及国家利益、社会公共利益和他人合法权益的外,当事人无需对调解过程中确认的无争议事实举证。

16. 探索建立调解前置程序。有条件的人民法院对证券、期货、基金等适宜调解的纠纷,在征求当事人意愿的基础上,引导当事人在诉讼登记立案前由特邀调解组织或者特邀调解员先行调解。

17. 充分运用在线纠纷解决方式开展工作。依托"中国投资者网"(www.investor.gov.cn)建设证券期货纠纷在线解决平台,并与人民法院办案信息平台连通,方便诉讼与调解在线对接。调解组织应当充分运用"中国投资者网"等现代传媒手段,把"面对面"与网络对话、即时化解等方式有机结合,研究制定在线纠纷解决规则,并总结推广远程调解等做法。各级人民法院要借助互联网等现代科技手段,探索开展在线委托或委派调解、调解协议在线司法确认,通过接受相关申请、远程审查和确认、快捷专业服务渠道、电子督促、电子送达等方法方便当事人参与多元化解工作,提高工作质量和效率。

(三)强化纠纷多元化解机制保障落实

18. 充分发挥督促程序功能。符合法定条件的调解协议,可以作为当事人向有管辖权的基层人民法院申请支付令的依据。

19. 调解协议所涉纠纷的司法审理范围。当事人就调解协议的履行或者调解协议的内容发生争议的,可以就调解协议问题向人民法院提起诉讼,人民法院按照合同纠纷进行审理。当事人一方以原纠纷向人民法院提起诉讼,对方当事人以调解协议抗辩并提供调解协议书的,人民法院应当就调解协议的内容进行审理。

20. 加大对多元化解机制的监管支持力度。投资者申请采用调解方式解决纠纷的,证券期货市场经营主体应当积极参与调解,配合人民法院、调解组织查明事实。对于证券期货市场经营主体无正当理由拒不履行已达成的调解协议的,证券期货监管机构应当依法记入证券期货市场诚信档案数据库。

21. 加强执法联动,严厉打击损害投资者合法权益的行为。人民法院和证券期货监管机构应当充分发挥各自职能优势,对损毁证据、转移财产等可能损害投资者合法权益的行为,依法及时采取保全措施。对工作中发现的违法、违规行为,及时予以查处;涉嫌犯罪的,依法移送有关司法机关处理。

22. 加强经费保障和人员培训。证券期货监管机构、行业自律组织等应当为建立健全证券期货纠纷多元化解机制提供必要的人员、经费和物质保障,加大对调解员的培训力度;有条件的人民法院应当提供专门处理证券期货纠纷的调解室,供特邀调解组织、调解员开展工作。建立人民法院与证券期货监管机构多层次联合培训机制,不断加强业务交流的广度和深度。

四、工作要求

23. 建立证券期货纠纷多元化解协调机制。各高级人民法院和证券期货监管机构应当各自指定联系部门和联系人,对工作中遇到的问题加强协调;强化沟通联系和信息共享,构建完善的证券期货纠纷排查预警机制,防止矛盾纠纷积累激化。

24. 加强宣传和投资者教育工作。人民法院和证券期货监管机构、行业自律组织、投资者保护专门机构、调解组织应当通过多种途径,及时总结和宣传典型案例,发挥示范教育作用;加大对证券期货纠纷多元化解机制的宣传力度,增进各方对多元化解机制的认识,引导中小投资者转变观念、理性维权。

25. 加强监督、指导、协调和管理。最高人民法院民事审判第二庭与中国证券监督管理委员会投资者保护局成立证券期货纠纷多元化解机制工作小组,具体负责证券期货纠纷多元化解机制建设的指导和协调工作。各高级人民法院要指导、督促、检查辖区内人民法院落实好证券期货多元化解机制各项工作要求。中国证券监督管理委员会负责监督指导各调解组织工作;各派出机构负责督促辖区内相关调解组织加强内部管理和规范运作,指导并支持各调解组织在本辖区开展工作。地方各级人民法院和证券期货监管机构应当将工作情况和遇到的问题,及时层报最高人民法院和中国证券监督管理委员会。

最高人民法院 中国证券监督管理委员会关于在全国部分地区开展证券期货纠纷多元化解机制试点工作的通知

(2016 年 5 月 25 日 法〔2016〕149 号)

各省、自治区、直辖市高级人民法院,新疆维吾尔自治区高级人民法院生产建设兵团分院,中国证券监督管理委员会各派出机构、各证券期货交易所、各下属单位、各证券期货行业协会:

为贯彻中共中央办公厅、国务院办公厅《关于完善矛盾纠纷多元化解机制的意见》和《最高人民法院关于人民法院全面深化多元化纠纷解决机制改革的若干意见》,充分发挥证券期货监管机构、行业组织等在预防和化解证券期货矛盾纠纷方面的积极作用,依法、公正、高效化解证券期货纠纷,维护投资者的合法权益,最高人民法院和中国证券监督管理委员会决定在全国部分地区联合开展建立健全证券期货纠纷多元化解机制的试点工作(试点地区法院和试点调解组织名单附后)。现就有关事项通知如下:

一、工作目标

1. 建立、健全有机衔接、协调联动、高效便民的证券期货纠纷多元化解机制,依法保护投资者的合法权益,维护公开、公平、公正的资本市场秩序,促进资本市场的和谐健康发展。

二、工作原则

2. 依法公正原则。要充分尊重投资者的程序选择权,严格遵守法定程序;调解工作的开展不得违反法律的基本原则,不得损害国家利益、社会公共利益和第三人合法权益。

3. 灵活便民原则。要着眼于纠纷的实际情况,灵活确定纠纷化解的方式、时间和地点,尽可能方便投资者,降低当事人解决纠纷的成本;调解工作应当明确办理时限,提高工作效率,不得久调不决。

4. 注重预防原则。要发挥调解的矛盾预防和源头治理功能,推动健康投资文化、投资理念、投资知识的传播;试点地区法院、证券期货监管机构及调解组织要加强信息共享,防止矛盾纠纷积累、激化。

三、试点工作主要内容

(一)试点调解机构的认可和管理

5. 建立最高人民法院、中国证券监督管理委员会共同确定试点调解组织制度。证券期货监管机构、行业组织等发起设立、实际管理的调解组织,可以成为试点调解组织。试点调解组织应当符合具有规范的组织形式、固定的办公场所和调解场地、专业的调解人员、健全的调解工作制度等基本条件。中国证券监督管理委员会负责试点调解组织的认定和管理工作,并商最高人民法院后公布。

6. 建立证券期货纠纷特邀调解组织和特邀调解员名册制度。试点地区法院应当将公布的试点调解组织及其调解员纳入名册,做好动态更新和维护,并向证券期货纠纷当事人提供完整、准确的调解组织和调解员信息,供当事人自愿选择。

7. 试点调解组织受理中小投资者的纠纷调解申请,不收取任何费用。

8. 证券期货监管机构负责监督指导各试点调解组织工作。监督试点调解组织完善内部制度并规范运行。

9. 试点调解组织应建立专职或专家调解员制度。依法开展调解工作,完善工作制度和流程管理,建立科学的考核评估体系和责任追究制度。

(二)健全诉调对接工作机制

10. 证券期货纠纷多元化解机制的试点范围。自然人、法人和其他组织之间因证券、期货、基金等资本市场风险投资业务产生的合同和侵权责任纠纷,均属试点范围;证券期货监管机构、试点调解组织的非诉讼调解、先行赔付等,均可与司法诉讼对接。

11. 调解协议的司法确认制度。经试点调解组织主持调解达成的调解协议,具有民事合同性质。经调解员和调解组织签字盖章后,当事人可以申请有管辖权的人民法院确认其效力。当事人申请确认调解协议的案件,按照《中华人民共和国民事诉讼法》第十五章第六节和相关司法解释的规定执行。

经人民法院确认有效的具有明确给付主体和给付内容的调解协议,当事人可以申请人民法院强制执行。

12. 落实委派调解或者委托调解机制。试点地区法院在受理和审理证券期货纠纷的过程中,应当依法充分行使释明权,经双方当事人同意,采取立案前委派、立案后委托、诉中邀请等方式,引导当事人通过试点调解组织解决纠纷。

经人民法院委派调解并达成调解协议、当事人申请司法确认的,由委派调解的法院依法受理。

13. 建立示范判决机制。证券期货监管机构在清理处置大规模群体性纠纷的过程中,可以将涉及投资者权利保护的相关事宜委托试点调解组织进行集中调解。对因虚假陈述、内幕交易、操纵市场等行为所引发的民事赔偿纠纷,需要人民法院通过司法判决宣示法律规则、统一法律适用的,人民法院应当及时作出判决。

14. 充分运用在线纠纷解决方式开展工作。试点调解组织应充分运用现代传媒手段,把面对面与网络对话、即时化解等方式有机结合,并总结推广电视调解、视频调解等做法。试点地区法院要借助互联网等现代科技手段,通过接受相关申请、远程审查和确认、快捷专业服务渠道、电子督促、电子送达等方法方便当事人参与多元化解工作,提高工作质量和效率。

（三）强化纠纷多元化解机制保障落实

15. 充分发挥督促程序功能。符合法定条件的调解协议,可以作为当事人向有管辖权的基层人民法院申请支付令的依据。

16. 对调解协议所涉纠纷的司法审理范围。当事人就调解协议的履行或者调解协议的内容发生争议的,一方当事人可以就调解协议问题向人民法院提起诉讼,人民法院按照合同纠纷进行审理。当事人一方以原纠纷向人民法院起诉,对方当事人以调解协议抗辩并提供调解协议书的,应当就调解协议的内容进行审理。

17. 加大对多元化解机制的监管支持力度。投资者申请采用调解方式解决纠纷的,证券期货市场经营主体应当积极配合参与调解。对于无正当理由而拒不履行调解、和解协议的证券期货市场经营主体,证券期货监管机构应当依法对其相关行为进行核查,发现违法违规行为的及时查处,并记入资本市场诚信数据库。

18. 加强执法联动,严厉打击损害投资者合法权益的行为。试点地区法院和证券期货监管机构应当充分发挥各自职能优势,对损毁证据、转移财产等可能损害投资者合法权益的行为,依法及时采取保全措施。对工作中发现的违法、违规行为,及时予以查处;涉嫌犯罪的,依法移送有关司法机关处理。

19. 加强经费保障和人员培训。证券期货监管机构、行业自律组织等应当为建立健全证券期货纠纷多元化解机制提供必要的人员、经费和物质保障,加大对调解员培训力度;有条件的试点地区法院应提供专门处理证券期货纠纷的调解室,供特邀调解组织、调解员开展工作。

四、工作要求

20. 建立证券期货纠纷多元化解协调机制。试点地区法院和证券期货监管机构、试点调解组织应各自指定联系部门和联系人,对工作中遇到的问题加强协调;强化沟通联系和信息共享,构建完善的证券期货纠纷排查预警机制,防止矛盾纠纷积累激化。

21. 加强宣传和投资者教育工作。试点地区法院和证券期货监管机构、行业自律组织、投资者保护专门机构、试点调解组织应通过多种途径,及时总结和宣传典型案例,发挥示范教育作用;加大对证券期货纠纷多元化解机制的宣传力度,增进各方对多元化解机制的认识,引导中小投资者转变观念、理性维权。

22. 加强对试点工作的管理。最高人民法院民二庭与中国证券监督管理委员会投资者保护局成立证券期货纠纷多元化解机制工作小组,具体负责对证券期货纠纷多元化解机制试点的指导和协调工作。各试点地区法院所在辖区的高级人民法院应指导、督促、检查其辖区法院的试点工作。试点地区法院和证券期货监管机构应将试点工作情况和遇到的问题,及时层报最高人民法院和中国证券监督管理委员会。

23. 本通知下发后,各省、区、市高级法院和中国证券监督管理委员会各派出机构共同商定辖区内开展试点工作的中级法院和基层人民法院名单后各自层报,不再另行签订合作协议。

最高人民法院办公厅 中国证券监督管理委员会办公厅
关于建立"总对总"证券期货纠纷在线诉调对接机制的通知

（2021 年 8 月 4 日 法办〔2021〕313 号）

各省、自治区、直辖市高级人民法院,解放军军事法院,新疆维吾尔自治区高级人民法院生产建设兵团分院;中国证券监督管理委员会各派出机构,各交易所,各下属单位,各协会:

为深入贯彻党中央关于建立共建共治共享社会治理格局的重大决策部署,进一步落实最高人民法院、中国证券监督管理委员会联合印发的《关于全面推进证券期货纠纷多元化解机制建设的意见》（法〔2018〕305 号）要求,最高人民法院、中国证券监督管理委员会（以下简称中国证监会）决定建立"总对总"在线诉调对接机制,全面推进证券期货纠纷多元化解工作。现将有关事项通知如下。

一、指导思想

坚持以习近平新时代中国特色社会主义思想为指导,全面贯彻党的十九大和十九届二中、三中、四中、五中全会精神,深入落实党中央、国务院关于强化投资者合法权益保护和完善矛盾纠纷多元化解机制的决策部署,切实发挥证券监管部门在解决证券期货纠纷中的指导协调作用,以及人民法院在多元化纠纷解决机制改革中的引领、推动、保障作用,建立健全证券期货纠纷在线诉调对接机制,全面推进证券期货纠纷多元化解工作,不断满足证券期货投资者多元纠纷解决需求。

二、基本原则

（一）依法公正原则。证券期货纠纷多元化解工作不得违反法律基本原则,不得损害国家利益、社会公共利益和第三人合法权益。

（二）高效便民原则。根据证券期货纠纷特点，灵活确定解纷方式，强化信息技术应用，提升解纷效率，降低投资者解纷成本。

（三）调解自愿原则。充分尊重各方当事人意愿，保障投资者依法行使民事权利和诉讼权利。

三、工作目标

坚持把非诉讼纠纷解决机制挺在前面，充分发挥调解在化解证券期货领域矛盾纠纷中的重要作用，建立有机衔接、协调联动、高效便捷的证券期货纠纷在线诉调对接工作机制，依法及时高效化解大量证券期货纠纷。

四、工作内容

（一）建立"总对总"在线诉调对接机制。最高人民法院与中国证监会共同建立"总对总"在线诉调对接机制，即"人民法院调解平台"（以下简称调解平台）与"中国投资者网证券期货纠纷在线调解平台"（以下简称投资者网平台），通过平台对接方式开展全流程在线调解、在线申请司法确认或出具调解书等诉调对接工作，全面提升证券期货纠纷调解工作的质量和效率。

（二）职责分工。最高人民法院立案庭负责在线诉调对接工作的统筹推进，宣传引导当事人运用调解平台化解证券期货纠纷，对证券期货纠纷调解员开展技术系统培训指导，调解平台的研发运维等；最高人民法院民事审判第二庭负责在线诉调对接工作具体业务流程指导，对证券期货纠纷调解员开展业务培训等。

中国证监会投资者保护局负责统筹证券期货纠纷调解机制建设，制定证券期货纠纷调解政策规范，建立调解组织和调解员名册及相关管理制度，指导调解组织和调解员开展在线调解和诉调对接工作等。中证中小投资者服务中心有限责任公司（以下简称投资者服务中心）负责投资者网平台的日常运行、安全防护和升级优化等工作。

各级人民法院在"总对总"诉调对接机制框架下,积极与中国证监会相关派出机构、会管单位开展诉调对接工作,将符合条件的证券期货调解组织和调解员纳入本院特邀调解名册,引导当事人自愿选择调解方式化解证券期货纠纷,开展委派、委托调解工作,依法及时在线进行司法确认。

中国证监会各派出机构、相关会管单位在"总对总"在线诉调对接机制框架下,负责与相关人民法院开展诉调对接工作,指导对应的调解组织和调解员入驻投资者网平台,组织调解组织和调解员开展在线调解工作。

(三)调解组织和调解员信息的采集和管理。中国证监会投资者保护局负责定期汇总并更新调解组织和调解员信息。中国证监会各派出机构、相关会管单位指导督促各调解组织负责日常管理和信息维护工作。

(四)特邀调解组织和调解员的确认。根据《最高人民法院关于人民法院特邀调解的规定》,中国证监会投资者保护局将符合特邀调解组织条件的调解组织,中国证监会各派出机构、相关会管单位将对应调解组织中符合特邀调解员条件的调解员,通过调解平台推送到相应的人民法院进行确认。人民法院对于符合条件的调解组织和调解员,应当纳入到本院特邀调解名册中,并在调解平台上予以确认。

最高人民法院立案庭、民事审判第二庭与中国证监会投资者保护局共同推动将最高人民法院和中国证监会共同认定的特邀调解组织和调解员纳入各级人民法院特邀调解名册。

(五)在线诉调对接业务流程。当事人向人民法院提交纠纷调解申请后,人民法院通过调解平台向调解组织委派、委托调解案件;调解组织及调解员登录投资者网平台接受委派、委托,开展调解工作;调解完成后将调解结果录入投资者网平台,由投资者网平台将案件信息回传至调解平台,并告知相关法院。当事人也可以直接通过投资者网平台向相关调解组织提交调解申请。

调解组织接受法院委派、委托调解或自行调解成功的案件,调解员组织双方当事人在线签订调解协议或上传调解协议。鼓励双方当事人自动履行。确有必要的,可就达成的调解协议共同申请在线司法确认或者出具调解书,人民法院将在线进行司法确认或者出具调解书;未调解成功的案件由人民法院依据法律规定进行立案或者继续审理。经调解组织线下调解成功的案件,依法能够进行司法确认的,可通过调解平台进行在线司法确认。

人民法院在委派、委托案件前,应当征求当事人同意,并考虑调解组织的专业领域、规模能力、办理范围等因素。调解组织在收到法院委派、委托调解通知后,应在5个工作日内就是否接受委派、委托调解作出回复。

(六)强化在线音视频调解。调解组织和调解员应当积极使用投资者网平台的音视频调解功能开展在线调解工作。各级人民法院要充分利用法院办案系统和调解平台内外连通的便利条件,落实在线委派、委托调解、调解协议在线司法确认、电子送达等工作,为在线音视频调解提供支持和保障。

五、工作要求

(一)建立联席会议制度。建立由最高人民法院立案庭、民事审判第二庭、中国证监会投资者保护局、投资者服务中心共同参与的联席会议制度,定期通报在线诉调对接工作推广应用情况,分析存在的问题,研究制定下一步工作举措。各地由人民法院立案庭牵头,与相关单位和部门建立工作协调和信息共享机制,从具体工作层面部署落实相关工作要求。

(二)建立健全评估激励体系。最高人民法院和中国证监会根据工作实际分别建立调解组织和调解员绩效评估激励体系,从组织建设情况、矛盾纠纷化解数量、调解成功率等方面科学设定评估内容和评估标准,定期形成调解工作质效分析报告。对参与纠纷化解工作表现突出的调解组织和调解员给予表彰和奖励,引导调解组织和调解员优质高效参与证券期货纠纷多元化解工作。

（三）加强培训指导。最高人民法院立案庭、民事审判第二庭、中国证监会投资者保护局，各级人民法院和中国证监会各派出机构、相关会管单位应当建立多层次联合培训机制，不断提高调解员的职业修养、法律素养、专业知识和调解技能。人民法院要大力支持证券监管部门培育并充实调解力量，广泛吸纳证券专业人士担任调解员，为推进证券期货纠纷多元化解工作提供保障。

（四）重视宣传推广。各级人民法院、证券监管部门要加大宣传力度，通过典型案例、普法教育等方式，提高当事人和社会公众对证券期货纠纷多元化解工作的知晓度和信任度，积极引导当事人通过调解方式解决证券期货纠纷，依法理性维权。

各地在落实推进中的经验做法和困难问题，请及时层报最高人民法院和中国证监会。

中国证券监督管理委员会　教育部关于印发《关于加强证券期货知识普及教育的合作备忘录》的通知

（2019 年 3 月 8 日　证监发〔2019〕29 号）

为落实国务院办公厅关于进一步加强资本市场中小投资者合法权益保护工作的有关意见，帮助广大学生树立正确的投资理念，增长投资知识，证监会和教育部就加强证券期货知识普及教育达成以下共识。

一、教育部着力推动开展下列工作：

（一）推动证券期货知识有机融入课程教材体系。基础教育阶段依据学生年龄特征，在相关学科课程和教材中有机融入证券期货知识，鼓励有条件的地区开设投资理财课程。高等教育阶段，鼓励有条件院校面向全体学生开设证券期货知识相关课程，鼓励设置金融类专业的院校加强与证券期货经营机构的合作，共同研究完善课程设置、教材内容，探索有效的教学方式，开展相关课题研究等。

（二）提升教师队伍金融素养。通过专题讲座、网络课程等方式，面向师范生开展证券期货投融资等领域通识教育。利用集中培训、网络研修等形式，推动不同区域教师金融素养提升。

（三）创新证券期货知识学习、应用方式。依托各级各类学校社团活动，通过虚拟交易、夏令营、社会实践、实习实训等活动，拓宽学生了解、应用证券期货知识的渠道。鼓励相关专业大学生利用假期，深入社区开展证券期货知识服务社会公益实践活动。

二、证监会着力推动开展下列工作：

（一）发挥证券期货投资者教育基地作用。与各省、自治区、直辖市教育行政部门共同协商规划，统筹利用好各地证券期货投资者教育基地，免费向当地大中小学生和教师开放,提供必要的学生实训和教师培训服务。

(二)开展证券期货系列公益讲座活动。充分利用证券期货经营机构、行业协会、自律组织等的专业优势,深入高等学校、社区开展系列科普公益讲座,普及证券期货常识,提升大学生和社会公众的投资风险意识及理财能力。

(三)开发证券期货知识学习资源。各地监管局会同当地教育行政部门,结合辖区实际情况,组织证券期货行业专家和教育专家针对不同年龄段学生认知发展水平合作编写公益性证券期货知识读本;利用互联网学习平台,与高等学校合作开发多媒体学习资源,建设精品在线开放课程,供各类社会群体自主选择学习。

各地证券期货监管机构与教育行政部门鼓励、引导社会各界加大资源投入力度,共同加强监督管理,对开展证券期货知识普及活动进行严格把关,确保活动公益性,维护学校的正常教育教学秩序。面向中小学生开展的活动要按规定经当地教育行政部门审核备案,不得给学校和师生增加额外负担,不得存在使用国旗、红领巾、团(队)旗,以及各类利用中小学生的教材、教辅材料、练习册、文具、教具、校服、校车等发布或者变相发布广告等行为。

证券期货投资者适当性管理办法

（2016 年 12 月 12 日　中国证券监督管理委员会

令第 130 号　根据 2020 年 10 月 30 日证监会令第 177 号

《关于修改、废止部分证券期货规章的决定》修正）

第一条　为了规范证券期货投资者适当性管理，维护投资者合法权益，根据《证券法》《证券投资基金法》《证券公司监督管理条例》《期货交易管理条例》及其他相关法律、行政法规，制定本办法。

第二条　向投资者销售公开或者非公开发行的证券、公开或者非公开募集的证券投资基金和股权投资基金（包括创业投资基金，以下简称基金）、公开或者非公开转让的期货及其他衍生产品，或者为投资者提供相关业务服务的，适用本办法。

第三条　向投资者销售证券期货产品或者提供证券期货服务的机构（以下简称经营机构）应当遵守法律、行政法规、本办法及其他有关规定，在销售产品或者提供服务的过程中，勤勉尽责，审慎履职，全面了解投资者情况，深入调查分析产品或者服务信息，科学有效评估，充分揭示风险，基于投资者的不同风险承受能力以及产品或者服务的不同风险等级等因素，提出明确的适当性匹配意见，将适当的产品或者服务销售或者提供给适合的投资者，并对违法违规行为承担法律责任。

第四条　投资者应当在了解产品或者服务情况，听取经营机构适当性意见的基础上，根据自身能力审慎决策，独立承担投资风险。

经营机构的适当性匹配意见不表明其对产品或者服务的风险和收益做出实质性判断或者保证。

第五条　中国证券监督管理委员会（以下简称中国证监会）及其派出

机构依照法律、行政法规、本办法及其他相关规定,对经营机构履行适当性义务进行监督管理。

证券期货交易场所、登记结算机构及中国证券业协会、中国期货业协会、中国证券投资基金业协会(以下统称行业协会)等自律组织对经营机构履行适当性义务进行自律管理。

第六条 经营机构向投资者销售产品或者提供服务时,应当了解投资者的下列信息:

(一)自然人的姓名、住址、职业、年龄、联系方式,法人或者其他组织的名称、注册地址、办公地址、性质、资质及经营范围等基本信息;

(二)收入来源和数额、资产、债务等财务状况;

(三)投资相关的学习、工作经历及投资经验;

(四)投资期限、品种、期望收益等投资目标;

(五)风险偏好及可承受的损失;

(六)诚信记录;

(七)实际控制投资者的自然人和交易的实际受益人;

(八)法律法规、自律规则规定的投资者准入要求相关信息;

(九)其他必要信息。

第七条 投资者分为普通投资者与专业投资者。

普通投资者在信息告知、风险警示、适当性匹配等方面享有特别保护。

第八条 符合下列条件之一的是专业投资者:

(一)经有关金融监管部门批准设立的金融机构,包括证券公司、期货公司、基金管理公司及其子公司、商业银行、保险公司、信托公司、财务公司等;经行业协会备案或者登记的证券公司子公司、期货公司子公司、私募基金管理人。

(二)上述机构面向投资者发行的理财产品,包括但不限于证券公司资产管理产品、基金管理公司及其子公司产品、期货公司资产管理产品、银行理财产品、保险产品、信托产品、经行业协会备案的私募基金。

（三）社会保障基金、企业年金等养老基金，慈善基金等社会公益基金，合格境外机构投资者（QFII）、人民币合格境外机构投资者（RQFII）。

（四）同时符合下列条件的法人或者其他组织：

1. 最近1年末净资产不低于2000万元；

2. 最近1年末金融资产不低于1000万元；

3. 具有2年以上证券、基金、期货、黄金、外汇等投资经历。

（五）同时符合下列条件的自然人：

1. 金融资产不低于500万元，或者最近3年个人年均收入不低于50万元；

2. 具有2年以上证券、基金、期货、黄金、外汇等投资经历，或者具有2年以上金融产品设计、投资、风险管理及相关工作经历，或者属于本条第（一）项规定的专业投资者的高级管理人员、获得职业资格认证的从事金融相关业务的注册会计师和律师。

前款所称金融资产，是指银行存款、股票、债券、基金份额、资产管理计划、银行理财产品、信托计划、保险产品、期货及其他衍生产品等。

第九条　经营机构可以根据专业投资者的业务资格、投资实力、投资经历等因素，对专业投资者进行细化分类和管理。

第十条　专业投资者之外的投资者为普通投资者。

经营机构应当按照有效维护投资者合法权益的要求，综合考虑收入来源、资产状况、债务、投资知识和经验、风险偏好、诚信状况等因素，确定普通投资者的风险承受能力，对其进行细化分类和管理。

第十一条　普通投资者和专业投资者在一定条件下可以互相转化。

符合本办法第八条第（四）、（五）项规定的专业投资者，可以书面告知经营机构选择成为普通投资者,经营机构应当对其履行相应的适当性义务。

符合下列条件之一的普通投资者可以申请转化成为专业投资者,但经营机构有权自主决定是否同意其转化:

(一)最近 1 年末净资产不低于 1000 万元,最近 1 年末金融资产不低于 500 万元,且具有 1 年以上证券、基金、期货、黄金、外汇等投资经历的除专业投资者外的法人或其他组织;

(二)金融资产不低于 300 万元或者最近 3 年个人年均收入不低于 30 万元,且具有 1 年以上证券、基金、期货、黄金、外汇等投资经历或者 1 年以上金融产品设计、投资、风险管理及相关工作经历的自然人投资者。

第十二条 普通投资者申请成为专业投资者应当以书面形式向经营机构提出申请并确认自主承担可能产生的风险和后果,提供相关证明材料。

经营机构应当通过追加了解信息、投资知识测试或者模拟交易等方式对投资者进行谨慎评估,确认其符合前条要求,说明对不同类别投资者履行适当性义务的差别,警示可能承担的投资风险,告知申请的审查结果及其理由。

第十三条 经营机构应当告知投资者,其根据本办法第六条规定所提供的信息发生重要变化、可能影响分类的,应及时告知经营机构。经营机构应当建立投资者评估数据库并及时更新,充分使用已了解信息和已有评估结果,避免重复采集,提高评估效率。

第十四条 中国证监会、自律组织在针对特定市场、产品或者服务制定规则时,可以考虑风险性、复杂性以及投资者的认知难度等因素,从资产规模、收入水平、风险识别能力和风险承担能力、投资认购最低金额等方面,规定投资者准入要求。投资者准入要求包含资产指标的,应当规定投资者在购买产品或者接受服务前一定时期内符合该指标。

现有市场、产品或者服务规定投资者准入要求的,应当符合前款规定。

第十五条 经营机构应当了解所销售产品或者所提供服务的信息，根据风险特征和程度，对销售的产品或者提供的服务划分风险等级。

第十六条 划分产品或者服务风险等级时应当综合考虑以下因素：

（一）流动性；

（二）到期时限；

（三）杠杆情况；

（四）结构复杂性；

（五）投资单位产品或者相关服务的最低金额；

（六）投资方向和投资范围；

（七）募集方式；

（八）发行人等相关主体的信用状况；

（九）同类产品或者服务过往业绩；

（十）其他因素。

涉及投资组合的产品或者服务，应当按照产品或者服务整体风险等级进行评估。

第十七条 产品或者服务存在下列因素的，应当审慎评估其风险等级：

（一）存在本金损失的可能性，因杠杆交易等因素容易导致本金大部分或者全部损失的产品或者服务；

（二）产品或者服务的流动变现能力，因无公开交易市场、参与投资者少等因素导致难以在短期内以合理价格顺利变现的产品或者服务；

（三）产品或者服务的可理解性，因结构复杂、不易估值等因素导致普通人难以理解其条款和特征的产品或者服务；

（四）产品或者服务的募集方式，涉及面广、影响力大的公募产品或者相关服务；

（五）产品或者服务的跨境因素，存在市场差异、适用境外法律等情形

的跨境发行或者交易的产品或者服务;

(六)自律组织认定的高风险产品或者服务;

(七)其他有可能构成投资风险的因素。

第十八条 经营机构应当根据产品或者服务的不同风险等级,对其适合销售产品或者提供服务的投资者类型作出判断,根据投资者的不同分类,对其适合购买的产品或者接受的服务作出判断。

第十九条 经营机构告知投资者不适合购买相关产品或者接受相关服务后,投资者主动要求购买风险等级高于其风险承受能力的产品或者接受相关服务的,经营机构在确认其不属于风险承受能力最低类别的投资者后,应当就产品或者服务风险高于其承受能力进行特别的书面风险警示,投资者仍坚持购买的,可以向其销售相关产品或者提供相关服务。

第二十条 经营机构向普通投资者销售高风险产品或者提供相关服务,应当履行特别的注意义务,包括制定专门的工作程序,追加了解相关信息,告知特别的风险点,给予普通投资者更多的考虑时间,或者增加回访频次等。

第二十一条 经营机构应当根据投资者和产品或者服务的信息变化情况,主动调整投资者分类、产品或者服务分级以及适当性匹配意见,并告知投资者上述情况。

第二十二条 禁止经营机构进行下列销售产品或者提供服务的活动:

(一)向不符合准入要求的投资者销售产品或者提供服务;

(二)向投资者就不确定事项提供确定性的判断,或者告知投资者有可能使其误认为具有确定性的意见;

(三)向普通投资者主动推介风险等级高于其风险承受能力的产品或者服务;

(四)向普通投资者主动推介不符合其投资目标的产品或者服务;

（五）向风险承受能力最低类别的投资者销售或者提供风险等级高于其风险承受能力的产品或者服务；

（六）其他违背适当性要求,损害投资者合法权益的行为。

第二十三条 经营机构向普通投资者销售产品或者提供服务前,应当告知下列信息：

（一）可能直接导致本金亏损的事项；

（二）可能直接导致超过原始本金损失的事项；

（三）因经营机构的业务或者财产状况变化,可能导致本金或者原始本金亏损的事项；

（四）因经营机构的业务或者财产状况变化,影响客户判断的重要事由；

（五）限制销售对象权利行使期限或者可解除合同期限等全部限制内容；

（六）本办法第二十九条规定的适当性匹配意见。

第二十四条 经营机构对投资者进行告知、警示,内容应当真实、准确、完整,不存在虚假记载、误导性陈述或者重大遗漏,语言应当通俗易懂；告知、警示应当采用书面形式送达投资者,并由其确认已充分理解和接受。

第二十五条 经营机构通过营业网点向普通投资者进行本办法第十二条、第二十条、第二十一条和第二十三条规定的告知、警示,应当全过程录音或者录像；通过互联网等非现场方式进行的,经营机构应当完善配套留痕安排,由普通投资者通过符合法律、行政法规要求的电子方式进行确认。

第二十六条 经营机构委托其他机构销售本机构发行的产品或者提供服务,应当审慎选择受托方,确认受托方具备代销相关产品或者提供服务的资格和落实相应适当性义务要求的能力,应当制定并告知代销方所委托产品或者提供服务的适当性管理标准和要求,代销方应当严格执行,但法律、行政法规、中国证监会其他规章另有规定的除外。

第二十七条 经营机构代销其他机构发行的产品或者提供相关服务，应当在合同中约定要求委托方提供的信息，包括本办法第十六条、第十七条规定的产品或者服务分级考虑因素等，自行对该信息进行调查核实，并履行投资者评估、适当性匹配等适当性义务。委托方不提供规定的信息、提供信息不完整的，经营机构应当拒绝代销产品或者提供服务。

第二十八条 对在委托销售中违反适当性义务的行为，委托销售机构和受托销售机构应当依法承担相应法律责任，并在委托销售合同中予以明确。

第二十九条 经营机构应当制定适当性内部管理制度，明确投资者分类、产品或者服务分级、适当性匹配的具体依据、方法、流程等，严格按照内部管理制度进行分类、分级，定期汇总分类、分级结果，并对每名投资者提出匹配意见。

经营机构应当制定并严格落实与适当性内部管理有关的限制不匹配销售行为、客户回访检查、评估与销售隔离等风控制度，以及培训考核、执业规范、监督问责等制度机制，不得采取鼓励不适当销售的考核激励措施，确保从业人员切实履行适当性义务。

第三十条 经营机构应当每半年开展一次适当性自查，形成自查报告。发现违反本办法规定的问题，应当及时处理并主动报告住所地中国证监会派出机构。

第三十一条 鼓励经营机构将投资者分类政策、产品或者服务分级政策、自查报告在公司网站或者符合中国证监会规定条件的媒体进行披露。

第三十二条 经营机构应当按照相关规定妥善保存其履行适当性义务的相关信息资料，防止泄露或者被不当利用，接受中国证监会及其派出机构和自律组织的检查。对匹配方案、告知警示资料、录音录像资料、自查报告等的保存期限不得少于 20 年。

第三十三条 投资者购买产品或者接受服务,按规定需要提供信息的,所提供的信息应当真实、准确、完整。投资者根据本办法第六条规定所提供的信息发生重要变化、可能影响其分类的,应当及时告知经营机构。

投资者不按照规定提供相关信息,提供信息不真实、不准确、不完整的,应当依法承担相应法律责任,经营机构应当告知其后果,并拒绝向其销售产品或者提供服务。

第三十四条 经营机构应当妥善处理适当性相关的纠纷,与投资者协商解决争议,采取必要措施支持和配合投资者提出的调解。经营机构履行适当性义务存在过错并造成投资者损失的,应当依法承担相应法律责任。

经营机构与普通投资者发生纠纷的,经营机构应当提供相关资料,证明其已向投资者履行相应义务。

第三十五条 中国证监会及其派出机构在监管中应当审核或者关注产品或者服务的适当性安排,对适当性制度落实情况进行检查,督促经营机构严格落实适当性义务,强化适当性管理。

第三十六条 证券期货交易场所应当制定完善本市场相关产品或者服务的适当性管理自律规则。

行业协会应当制定完善会员落实适当性管理要求的自律规则,制定并定期更新本行业的产品或者服务风险等级名录以及本办法第十九条、第二十二条规定的风险承受能力最低的投资者类别,供经营机构参考。经营机构评估相关产品或者服务的风险等级不得低于名录规定的风险等级。

证券期货交易场所、行业协会应当督促、引导会员履行适当性义务,对备案产品或者相关服务应当重点关注高风险产品或者服务的适当性安排。

第三十七条 经营机构违反本办法规定的,中国证监会及其派出机构可以对经营机构及其直接负责的主管人员和其他直接责任人员,采取责令改正、监管谈话、出具警示函等监督管理措施。

第三十八条 证券公司、期货公司违反本办法规定,存在较大风险或者风险隐患的,中国证监会及其派出机构可以按照《证券法》第一百四十条、《证券公司监督管理条例》第七十条、《期货交易管理条例》第五十五条的规定,采取监督管理措施。

第三十九条 违反本办法第六条、第十八条、第十九条、第二十条、第二十一条、第二十二条第(三)项至第(六)项、第二十三条、第二十四条、第三十三条规定的,按照《证券法》第一百九十八条、《证券投资基金法》第一百三十七条、《证券公司监督管理条例》第八十四条、《期货交易管理条例》第六十七条予以处理。

第四十条 违反本办法第二十二条第(一)项至第(二)项、第二十六条、第二十七条规定的,按照《证券投资基金法》第一百三十五条、《证券公司监督管理条例》第八十三条、《期货交易管理条例》第六十六条予以处理。

第四十一条 经营机构有下列情形之一的,给予警告,并处以3万元以下罚款;对直接负责的主管人员和其他直接责任人员,给予警告,并处以3万元以下罚款:

(一)违反本办法第十条,未按规定对普通投资者进行细化分类和管理的;

(二)违反本办法第十一条、第十二条,未按规定进行投资者类别转化的;

(三)违反本办法第十三条,未建立或者更新投资者评估数据库的;

(四)违反本办法第十五条,未按规定了解所销售产品或者所提供服务信息或者履行分级义务的;

(五)违反本办法第十六条、第十七条,未按规定划分产品或者服务风险等级的;

（六）违反本办法第二十五条，未按规定录音录像或者采取配套留痕安排的；

（七）违反本办法第二十九条，未按规定制定或者落实适当性内部管理制度和相关制度机制的；

（八）违反本办法第三十条，未按规定开展适当性自查的；

（九）违反本办法第三十二条，未按规定妥善保存相关信息资料的；

（十）违反本办法第六条、第十八条至第二十四条、第二十六条、第二十七条、第三十三条规定，未构成《证券法》第一百九十八条，《证券投资基金法》第一百三十五条、第一百三十七条，《证券公司监督管理条例》第八十三条、第八十四条，《期货交易管理条例》第六十六条、第六十七条规定情形的。

第四十二条 经营机构从业人员违反相关法律法规和本办法规定，情节严重的，中国证监会可以依法采取市场禁入的措施。

第四十三条 本办法自 2017 年 7 月 1 日起施行。

关于加强证券期货投资者教育基地建设的指导意见

（2015 年 9 月 8 日

中国证券监督管理委员会公告〔2015〕23 号）

为了规范和推广投资者教育基地（以下简称投教基地），充分发挥其功能，提高投资者教育服务水平，根据《国务院关于进一步促进资本市场健康发展的若干意见》（国发〔2014〕17 号）、《国务院办公厅关于进一步加强资本市场中小投资者合法权益保护工作的意见》（国办发〔2013〕110 号）精神，现就加强投教基地建设工作，提出如下指导意见。

一、总体要求

（一）投教基地的定义。投教基地，是指面向社会公众开放，具有证券期货知识普及、风险提示、信息服务等投资者教育服务功能的场所、网络平台等载体，是开展投资者教育的重要平台，可以由下列三类主体建设运行：一是证券期货交易场所、行业协会，以及受中国证监会管理、为证券期货市场提供公共基础设施或者服务的专门机构；二是证券期货经营机构，上市公司、非上市公众公司，以及证券期货中介服务机构；三是其他机构，包括教育科研机构、新闻媒体等。

（二）投教基地的功能目标。投教基地通过开展多样化投资者教育活动，展示资本市场发展成果，投放投资者教育产品，提供投资者咨询等服务，运用体验式、互动式等技术手段，与投资者进行互动沟通，帮助投资者集中系统、持续便利地获取证券期货知识，认识投资风险并掌握风险防范措施，知悉权利义务，树立理性投资理念，增强自我保护能力，培育成熟的投资者队伍。

（三）投教基地的建设原则。一是公益性原则。投教基地要坚持公益性质,不以营利为目的,平等对待所有投资者。二是专业性原则。投教基地要提供专业、准确的投资者教育信息,不得欺诈或者误导投资者。三是特色性原则。投教基地要依托建设单位的资源优势,体现差异,突出特色。四是节约性原则。投教基地建设要侧重现有投教载体的升级改造,科学论证新建载体,鼓励不同主体协作互补,避免重复建设。

(四)投教基地的命名管理。对于达到本指导意见规定建设标准的投教基地,可以由中国证监会派出机构命名为省级投教基地,其中具有较高质量、较大规模和影响力的投教基地,可以由中国证监会命名为国家级投教基地。但命名不表明中国证监会及其派出机构对基地建设单位合规水平、盈利水平等情况作出实质性判断或者保证。命名工作遵循公开、公平、公正的原则,采取集中征集、自愿申报、专家评审、结果公示的方式,并考虑地区平衡,逐步扩大覆盖面。申报命名工作原则上每年进行一次,中国证监会可以视情况调整。中国证监会及其派出机构对所命名投教基地实行分级和动态管理,做到有进有出。

二、投教基地建设标准

(一)投教基地的分类。投教基地按照载体形式不同,分为实体投教基地和互联网投教基地。

(二)投教基地的教育内容。投教基地应当提供投资者参与市场需要了解的必要信息,包括但不限于证券期货基础知识和专项产品业务知识、政策法规、自律规则,投资风险与防范措施,投资者权利义务、权利行使与救济方式,非法证券期货活动的特征与危害,互联网金融与信息安全知识等,注重运用典型案例开展教育。

(三)投教基地的功能区域。投教基地应当具备产品展示区、专家讲堂区、模拟体验区、互动沟通区、征集意见区等基本功能区域,还可以根据投资者需要以及建设单位的优势设置特色区域。

（四）实体投教基地的标准。实体投教基地的标准包括：

1. 具备一定规模的专门用于投资者教育的场所设施，按规定对社会公众开放，有一定的受众面和较好的效果，配备满足投资者教育需求的软硬件设备，有专人引导、讲解，设有宣传投教基地工作的网站或者专栏；

2. 展示或者投放符合规定数量和质量的投教产品，其中应有一定数量的原创产品，积极开展公益性投教活动，及时满足投资者合理的教育需求；

3. 具有保障投教基地正常运行的经费，设有明确的投教基地管理部门，具备开展投教工作所需的人员，具有完善的投教基地管理与考核制度；

4. 不存在本指导意见规定的禁止情形；

5. 符合中国证监会及其派出机构根据投资者需要规定的其他条件。

（五）互联网投教基地的标准。互联网投教基地的标准，除前述实体投教基地第2项至第5项标准外还包括：

1. 具备一定规模的专门用于投资者教育的网络平台，可随时接受社会公众访问，访问量不少于规定人数，配备满足投资者教育需求的软硬件设备；

2. 网络防护体系完善，网站栏目设计合理，检索功能强大，信息准确、丰富，更新率达到规定标准。

为适应市场发展和投资者需要，投教基地的具体量化标准，由中国证监会及其派出机构另行规定。

三、投教基地的申报命名

（一）申报主体。投教基地的申报主体是负责其建设运行的具有独立法人资格的单位，省级投教基地可以由其授权建设运行该基地的分支机构申报。两个以上主体合作建设运行投教基地的，应当商定由其中一方主体负责申报。

（二）申报材料。申报主体应当提供以下材料，并保证信息的真实性和准确性：

1. 投教基地申报表；

2. 申报主体营业执照副本复印件；

3. 投教基地建设运行方案及效果、年度投放投教产品或者开展投教活动的资料、投教基地管理制度等；

4. 中国证监会及其派出机构要求提交的其他材料。

（三）申报途径。国家级投教基地申报材料提交中国证监会，省级实体投教基地申报材料提交基地所在地中国证监会派出机构，省级互联网投教基地申报材料提交申报主体所在地中国证监会派出机构。

（四）命名程序。对证券期货行业外机构申报投教基地的，中国证监会及其派出机构可以征求相关主管部门意见。对证券期货市场经营主体申报国家级投教基地的，中国证监会可以征求相关派出机构意见。中国证监会及其派出机构组织专家对申报材料进行评审，向社会公示评审结果后，正式为投教基地命名并向社会公布。派出机构在命名省级投教基地后应报中国证监会备案。

四、投教基地的监督管理

（一）监督管理主体。中国证监会及其派出机构负责监督管理所命名的投教基地，证券期货行业外机构申报的投教基地同时接受相关主管部门的业务指导。

（二）命名使用。投教基地要在显著位置摆放或者展示中国证监会或者其派出机构颁发的投教基地标识。

（三）日常运行。投教基地要主动开展投资者教育工作，确保持续符合本指导意见规定的建设标准，及时报送投资者教育工作情况和成果，主动告知命名主体投教基地变更名称、地址、负责人等重要事项。

（四）考核管理。中国证监会及其派出机构建立健全考核机制，确保投教基地持续符合建设标准。投教基地要主动配合,并对发现的问题进行整改。考核结果要向社会公布。

(五)激励措施。中国证监会鼓励各类主体积极参与投教基地建设,可以采取以下措施:

1. 证券期货交易场所、行业协会和专门机构以及各辖区市场主体申报投教基地的命名与考核情况,将作为中国证监会评价相关单位投资者保护工作时的加分项;

2. 证券公司、期货公司及其分支机构申报投教基地的命名与考核情况,将逐步纳入证券公司、期货公司的分类监管,作为评价投资者保护相关指标的加分项;

3. 在选择投资者教育及相关培训、研究、宣传工作的承办或者合作单位时,优先考虑受命名投教基地的申报主体,特别是考核结果优秀的投教基地;

4. 组织为投教基地提供投教产品、师资力量,开展业务培训,资助创新投教项目,组织信息共享交流,表彰宣传先进,对服务面广的国家级投教基地加强支持服务。

(六)禁止情形。投教基地不得存在下列情形:

1. 从事违法违规、欺诈误导投资者的活动;

2. 明知或者应当知道投资者教育信息存在虚假记载、误导性陈述或者重大遗漏,仍向投资者提供,或者不平等对待所有投资者,服务质量差,或者存在安全隐患等问题;

3. 不履行本指导意见规定的日常工作要求,不参加、不配合考核,或者考核不合格;

4. 从事其他损害投资者合法权益的活动。

对于存在上述情形的,中国证监会及其派出机构将要求投教基地限期改正,情节严重或者逾期不改正的,取消命名并向社会公布。被取消命名的申报单位三年内不得再次申报。派出机构取消省级投教基地命名后,应报中国证监会备案。

证券期货投资者教育基地监管指引

（2018 年 6 月 8 日
中国证券监督管理委员会公告〔2018〕5 号）

第一条 为规范证券期货投资者教育基地（以下简称投教基地）监管工作，充分发挥其功能，提高投资者教育服务水平，根据《关于加强证券期货投资者教育基地建设的指导意见》（以下简称《指导意见》）、《首批投资者教育基地申报工作指引》、《第二批证券期货投资者教育基地申报工作指引》（以下统称申报指引）及其他相关法律、行政法规、部门规章、规范性文件，制定本指引。

第二条 本指引适用于中国证监会及其派出机构按照规定分别命名的国家级和省级投教基地。投教基地按照载体形式不同，分为实体投教基地和互联网投教基地。

第三条 中国证监会指导派出机构监管所命名的省级投教基地，以及国家级基地中地址在本辖区内的实体基地和申报主体所在地在本辖区内的互联网基地。

第四条 投教基地应当在基地的显著位置摆放或者展示中国证监会或者其派出机构颁发的投教基地牌匾证书，实体基地还应当在入口处显著位置以及基地的互联网宣传载体中，公示基地开放的时间、方式和联系电话等方便投资者来访的信息。

投教基地应当在开展公益性活动中使用基地命名。

第五条 投教基地要主动开展投资者教育工作，确保持续符合《指导意见》、申报指引规定的建设标准，积极参与证券期货监管机构、自律组织开展的投教活动，加强与社会各方的交流合作，不断提高基地的质量和影响力。

第六条 投教基地单位应当完善基地管理的组织机构和工作机制,明确分管领导、基地负责人和联系人,为基地配备的专职投教人员应当具备较高的政治素质和专业水平,有较为丰富的从业经验,认真负责,勤勉尽职,态度热情,服务周到。

第七条 投教基地应当按要求定期向监管机构如实报送服务投资者、投放投教产品、开展投教活动等情况;基地名称、地址或网址、实体基地咨询电话、基地单位分管领导、基地负责人和联系人等情况发生变更的,应当自变更之日起 10 个工作日内报告监管机构,对基地名称、地址或网址、实体基地咨询电话的变更,还应当以适当形式向社会公开。

第八条 中国证监会及其派出机构根据重要突发事件、媒体负面报道、线索明确的投诉举报等情况,对投教基地是否持续符合建设标准,开展全面检查或者专项检查。

中国证监会可以自行或者组织派出机构对投教基地进行检查,派出机构负责所管辖基地的检查工作并根据中国证监会的部署和工作需要进行检查。派出机构自行开展检查的,应当将检查情况及时报送中国证监会。

第九条 检查方式包括实地考察、体验基地的投教设备,在线浏览、测试互联网基地或实体基地的互联网宣传载体,查阅资料,访问投资者、询问基地工作人员等。

检查人员可以对有关情况、资料和发现的问题进行记录、录音、录像、照相和复制。检查人员应当忠于职守,依法办事,廉洁自律,严格执行有关法规政策规定的回避制度。

第十条 投教基地相关工作人员应当协助和配合检查,如实反映情况,保证提供资料真实、准确、完整、及时,对检查发现的问题按要求认真整改。

投教基地应当建立健全内部检查制度,每半年开展一次自查,形成自查报告。发现不符合《指导意见》、申报指引以及本指引规定的问题,应当及时处理并主动报告监管机构。

第十一条 投教基地应当完整记录开展的各项工作,妥善保存相关资料并以纸质或电子形式建档备查,保存期限不少于三年。

第十二条 投教基地考核原则上每年进行一次,中国证监会可以视情况调整。

设定正常运行的投教基地基准分为 100 分,根据投教基地在考核期内服务投资者、投放投教产品、开展投教活动、投教人员配备、投教经费投入、满意度调查、推动投资者教育纳入国民教育、所获奖励以及持续合规状况等情况,相应加分或扣分以确定投教基地的考核计分。

第十三条 投教基地应当对照考核指标(见附件),如实填写自评情况,并按要求及时报送监管机构。监管机构根据日常监管检查等情况,对自评结果进行核查。

中国证监会及派出机构每年根据投教基地建设运行情况,结合以前年度考核结果,事先确定优秀、良好的投教基地的相对比例,并根据考核计分的分布情况,具体确定各类别、各级别投教基地的数量,其中优秀、良好的投教基地考核计分应当高于基准分,考核计分低于 60 分的基地,认定为不合格。

投教基地在自评时不得存在隐瞒重大事项或者报送、提供有虚假记载、误导性陈述或重大遗漏的信息和资料,被发现查实的,将视情节轻重下调其考核等级结果。对于在考核期内发现出现重大违法违规行为,并严重侵害投资者利益的投教基地及其单位,考核结果将直接认定为不合格。

第十四条 中国证监会鼓励各类主体积极参与投教基地建设,可以采取以下措施:

(一)证券期货交易场所、行业协会以及受中国证监会管理、为证券期货市场提供公共基础设施或者服务的专门机构(以下统称会管单位)申报投教基地的命名与考核情况,以及各辖区市场主体申报投教基地的命名与监管情况,将分别作为中国证监会评价会管单位和派出机构投资者保护工作的重要参考;

(二)证券公司、期货公司及两者的分支机构申报投教基地的命名与考核情况,将持续纳入证券公司、期货公司的分类监管,作为评价投资者保护相关指标的加分或者扣分项;

(三)中国证监会及其派出机构、会管单位在选择投资者教育及相关培训、研究、宣传工作的承办或者合作单位时,优先考虑受命名投教基地的申报主体,特别是考核结果优秀的投教基地;

(四)中国证监会及其派出机构、会管单位可以为基地特别是国家级基地提供投教产品、投教活动、师资力量、业务培训等方面的支持服务,组织基地交流共享投教信息和成果,表彰宣传先进基地;

(五)中国证监会及其派出机构、会管单位在相关业务培训中将投教基地工作人员纳入培训范围,并积极开展针对投教基地工作人员的专项培训;

(六)中国证监会在评审国家级投教基地时,优先考虑考核结果优秀的省级投教基地。

第十五条 对于存在不符合《指导意见》、申报指引以及本指引规定要求或者考核不合格的投教基地,中国证监会及其派出机构应当要求其限期改正并提交整改报告,情节严重、逾期不改正或者改正不到位的,取消命名并向社会公布。被取消命名的申报单位三年内不得再次申报。派出机构取消省级投教基地命名后,应当自取消之日10个工作日内报中国证监会备案。

第十六条 本指引自公布之日起施行。

关于设立"5·15 全国投资者保护宣传日"的决定

（2019 年 4 月 3 日

中国证券监督管理委员会公告〔2019〕12 号）

为进一步倡导理性投资文化，切实维护广大投资者合法权益，中国证监会决定将每年 5 月 15 日设立为"全国投资者保护宣传日"，在全国组织动员各方上下联动，积极开展形式多样的投资者保护活动，让投资者保护理念深入人心，成为大家的自觉行动。

通过设立"全国投资者保护宣传日"，建立起监管部门主导推动、相关部门联动、行业主动尽责、公众积极参与的投资者保护工作长效机制，进一步提升投资者保护的渗透力、辐射力和影响力，打造更加健康、和谐、公平的资本市场生态系统，助力构建规范、透明、开放、有活力、有韧性的资本市场。

关于"12386"中国证监会服务热线运行有关事项的公告

（2018 年 10 月 22 日

中国证券监督管理委员会公告〔2018〕32 号）

第一条　"12386"中国证监会服务热线（以下简称热线）是中国证监会建立的接收证券期货市场投资者诉求的公益服务渠道。

第二条　热线接收投资者投诉、咨询、意见建议等诉求，不接收信访、举报。

投资者提出信访事项，举报证券期货违法违规行为，申请信息公开，申请行政复议等，应当依照法律、行政法规或中国证监会相关规定另行提出。

第三条　投资者在购买证券期货产品或接受相关服务时，与证券期货市场经营主体及其从业人员发生民事纠纷的，可以进行投诉。

热线将接收的投诉转证券期货市场经营主体办理，或转证券期货调解组织提供调解服务。

第四条　投资者对证券期货相关业务和制度提出咨询的，热线帮助查询证券期货法律制度相关规定。

第五条　投资者对证券期货市场监管政策或者工作提出意见建议的，热线可汇总供监管工作参考。

第六条　投资者使用热线进行投诉的，应当提供以下信息：姓名（名称），有效身份证件信息，联系方式，明确的投诉对象及其所在地，具体的投诉请求、事实和理由。

存在下列情形的，热线不予接收：

（一）投资者的姓名（名称）、联系方式不详，或投诉对象、主要事实不清楚、不明确的；

（二）同一事项已由司法机关、仲裁机构、调解机构受理，或已经热线办理，投资者再次提出的；

（三）投诉事项不属于证券期货业务范围，或违反现行法律法规、监管要求的；

（四）其他不属于热线服务范围的。

第七条 投资者可以在全国范围内直接拨打12386热线电话，免长途话费。拨打时间为每周一至周五（法定节假日除外）上午9：00—11：30，下午13：00—16：30。

热线同时接收证监会网站（www.csrc.gov.cn）"我要留言"、"给主席写信"栏目以及中国证券投资者保护基金公司网站（www.sipf.com.cn）"12386投资者热线"栏目的投资者投诉、咨询及意见建议等事项。

第八条 证券期货市场经营主体应当强化服务意识，切实履行投诉处理的首要责任，建立健全投资者投诉处理制度，公开处理流程，提升响应速度，缩短办理时间，及时报告处理结果。

第九条 在热线投诉处理中，投资者认为被投诉对象存在蓄意欺瞒、拖沓敷衍等情形的，可以通过热线反映，中国证监会将纳入日常监管工作。

中国证监会建立健全投诉处理工作评价制度，依照相关规定将投诉处理内控建设情况作为衡量证券期货市场经营主体合规管理水平的参考内容，并通过回访、座谈等方式了解诉求办理情况，不断改进热线服务工作。

第十条 本公告自公布之日起施行。《中国证券监督管理委员会开通并试运行"12386"证监会热线》（证监会公告〔2013〕35号）同时废止。

后 记

本书是在中国证监会相关部门、各派出机构以及各交易场所、行业协会等系统单位提供材料的基础上编写而成。在编辑过程中,得到了各部门、单位的支持和帮助,在此表示感谢!

中国证监会投资者保护局

上海证券交易所

2021 年 11 月

责任编辑:李甜甜
封面设计:曹　妍
责任校对:刘　青

图书在版编目(CIP)数据

中国资本市场投资者保护实践探索/中国证监会投资者保护局,上海证券
　交易所 编著. —北京:人民出版社,2021.11
ISBN 978－7－01－024232－3

Ⅰ.①中…　Ⅱ.①中…②上…　Ⅲ.①资本市场-投资者-法律保护-研究-
　中国　Ⅳ.①D922.280.4

中国版本图书馆 CIP 数据核字(2021)第 237466 号

中国资本市场投资者保护实践探索

ZHONGGUO ZIBEN SHICHANG TOUZIZHE BAOHU SHIJIAN TANSUO

中国证监会投资者保护局　上海证券交易所　编著

人民出版社 出版发行
(100706　北京市东城区隆福寺街 99 号)

中煤(北京)印务有限公司印刷　新华书店经销

2021 年 11 月第 1 版　2021 年 11 月北京第 1 次印刷
开本:710 毫米×1000 毫米 1/16　印张:14.25
字数:182 千字

ISBN 978－7－01－024232－3　定价:52.00 元

邮购地址 100706　北京市东城区隆福寺街 99 号
人民东方图书销售中心　电话 (010)65250042　65289539